日本の保育アップデート！

子どもが中心の「共主体」の保育へ

大豆生田 啓友 監修
おおえだ けいこ 著

はじめに

【主体性】という言葉。
最近、耳にタコができるくらい
よく聞いているのでは？　と思います。
それは、「主体性の尊重」が
現在と、そしてこれからの時代に欠かせないと、
多くの人が感じているからではないでしょうか？

ところが、言葉の解釈に幅があったり、
現実とのギャップがあったりして、
「もやもや」している方によく出会うんですね。
子どもの主体性尊重ばかりでいいの？
私たち大人はどうかかわればいい？

そこで、主体性について、
著者の知る概念の由来をもとに解釈し直し、
【共主体】という新しい日本語を使って、
整理してみました。

【共主体】とは端的に言えば、

子どもの「やりたい」と、先生の「やってほしい」が
ほぼ同じシーンで、共主体をめざす

先生の主体
共主体
子どもの主体

＜例＞

ダンゴムシって何食べるのかな？
えっ？　本当？
ダンゴ？
じゃあ、何？
おもしろい！
私は知ってるけれど、今は言わない。
虫眼鏡を渡してみようかな？それとも見守ろうかな？…迷うな。（P.166参照）
子どもたちの「やりたい主体性」
先生の子どもたちに「やってほしい主体性」

「子どもと大人の主体が
バランスよく共存、融合している主体」のこと。
さらに言えば、
「互いに学び、ともに成長し合う主体」
という意味です。
（言葉の出自については、P.59をご覧ください）

たしかに、言葉としては新しい。
でも、大人が子どもとちゃんと
向き合っていれば、
「共主体」になるのは当たり前ですし、
「私は、子どもの主体性や権利を尊重して、
子どもが中心の活動してるよ！」という方なら、
もう、「共主体的な生活・活動」に
なっているのでは？ と考えます。

逆に、「子どもの主体性や権利を尊重して、
子どもが中心の活動を支援する」ことを
大人がしっかり意識するために、
「共主体」という言葉を使うのだ、
ととらえてもらってもよいと思います。

子どもの「やりたい」と、
先生の「やめてほしい」がぶつかっているシーンで、共主体をめざす

先生の主体
共主体
子どもの主体

＜例＞

ダンゴムシを水に入れてみよう。
パラパラ…
ハハハ
ねえ！虫はたくさんいるけど、命は1個ずつだよ！それ、わかってやってる!?
あ、遊びを止めちゃった。いいのかな？…悩ましい。（P.44参照）
先生の子どもたちに「やめてほしい主体性」
子どもたちの「やりたい主体性」

本書の第1部では、「主体性」や「共主体」の意味解釈を
コミック形式で説明します。
それは、研究者の理論を手がかりにしたり、
交流のある保育者や、
取材で会った実践者の話も踏まえて、
著者（おおえだけいこ）なりに
読み解きながら整えたものです。

第2部では、専門家との対話形式で、
主体性や共主体に関係する理論を掲載します。
対話には毎回、監修者の大豆生田啓友先生にも
参加いただきました。
これらの理論を知らずに保育するのは、
とてももったいないと思っています。
さらに、第3部で取り上げるのは
領域別の魅力的な理論と実践。
実践に関しては写真やイラストを使い、
共主体的なかかわりのポイントを
際立たせてご紹介します。

それでは、レッツゴー！

こんにちはー
耳タコ？
だれ？
タコチュー星人です。

★コミックの吹き出し（　）はセリフ、（　）は心の声を表します。

【コミック】イントロダクション

とある園での ツッコミどころ満載な ストーリー

明日は発表会の練習と、絵本の文字拾いをやって、と…。

H先生。いつも言うけど、子どもって、放っておいても自然に、育つんじゃないですか〜？

あのね。園は教育もする施設でしょ？いろんな経験をドシドシ提供しないと。

保育＝養護＋教育だヨ
そうだけど…

←I先生
でも自由遊びの中でも学べますよ。

ひゃ〜また始まった保育観バトル。

そんな…自由に遊んでるだけなら私たちいらないでしょ。

O先生→

いやあ、ケガさせないように見守っていれば、保護者も納得しますよ。

いやいや、保護者も子どもが頑張る姿を見たがってるって。

ここ、すごい大事！

あれ？保護者のためっぽい話になってる？

あの〜。保育者養成校では、子どもを中心とした「子どもの主体性を尊重する保育を」って習ったんですが…。

保護者も大事だけど…

でしょー

だから、子どもは自由に遊ばせとくのがいいんですよ。教育なんて無用。自由が一番！

そんな、主体性尊重なんて、子どもがわがままになるだけよ。

いや、教育無用とは習ってない！

活動の中心は、設定した一斉保育じゃないと。I先生のは、「自由保育」っていうより、「放任保育」よね。

なら、H先生のは、「一斉保育」っていうより、集団で引っぱる「統率保育」に見えますよ。

だいたい、文字の読み書きとかって認知的活動、早すぎ！

今日は負けないぞっ
バトルでは、「自由」は「放任」になり、「一斉」は「統率」にされがちなのね。メモっておこう。

文字・数なんか学校でやればいいんですよ。それをまた、できたできないで評価するとか。

あ、評価の話になった…

読み書きをやってなかったら、小学校で困るのは子どもよ！

先取りの勉強は、学校で新鮮味がなくなって、学校がつまらなくなりますよ！

ひえ〜っ
あー、また戦ってるね。

←主任のK先生

とても興味深いですね。

あ、さっき、子どもが拾ってきたタコ。

しゃべるんだ。

え〜、驚かないんですか。

園の子の拾いものにいちいち驚いてたら、この仕事、務まらないから。

あの、地球に来て30年たつんですけどね。毎日、日本のどこかで、こんなような、保育で「どっちが正解か!?」というような議論や葛藤が起きてるのを見てきました。

さすがです…

で、いろいろ調べながら、こんなふうに考えたら、混乱が減るんじゃないかっていうのを考えてみてるんですけど…。

聞いてっ!

やたら主体的な生命体だね
じゃあ…、休憩時間に聞くから。今から会議なんで。

そしたら、「主体性って何?」からプレゼンしていいですか?

大まじめですよっ
何!?

登場人物紹介

@今年開設したばかりのコスモこども園

U《ユー》園長
（特別出演）

K《ケイ》先生

保育歴20年目の主任。フリーの立場。忙しさゆえ、神出鬼没だが、後輩には尊敬されている。

H《エイチ》先生

保育歴6年目。主担任。一斉指導が得意。

I《アイ》先生

保育歴3年目。副担任。自由保育が好き。

O《オー》先生

養成校を卒業したばかりの新人保育者。クラスのサポートとして勤務。

タコチュー星人

地球（主に日本）に30年に住み、保育、教育、子育て事情を調査、研究している。地球侵略目的かどうかは不明。

第1部【コミック】

保育アップデート!

「主体性」と「共主体」の意味解釈

ほかには スミも 吐けますヨ！
ほお～、でも うちの園児は オモラシ できるよ。 しかも ところかまわず。
えー!? なんチュー ポテンシャル!!

1章

主体性の考え方

主体性の理解、 解釈があいまいなままでは、
共主体の話には進めません。
ポジティブな子ども理解と、 応答的なかかわりのために、
主体性をどうとらえたらいいのか。
まずそこを、 じっくり考えてみます。

1 まず、「主体性って何なの？」から

「主体性」という単語。
これは通常、
「自主性」
「自発性」
とほぼ、同じ意味で
使っていませんか？

使い分けは
必要とされませんが、
厳密に言えば、
次のコマのような
違いが
あるようです。

注：一般の文章では、
3つの使い分けで悩まなくて
大丈夫ですよ。
今までどおりで、OK!

人から言われて「やる」のではなく、

すべて、「自分から行っている」※状態

＜例＞

自主性
トイレ当番だからそうじしよう。
自発性
当番かどうかじゃなく、きれいにしたいからやろう。
主体性
当番制は納得できれば参加するし、必要があればいつでもやる。みんなのためにもそうしたい。
（めっちゃ考えてるイメージ）

（当番など、決められたことを）人から保護・指図を受けずに、自ら行動する態度。

（決まっていることでなくても）自ら進んで行動する態度。強い考えがあるかどうかは問題にされない。

自分の意志や判断に基づいて、考えて行動を決定する態度（高い精神性を要する）。

※参考：新明解国語辞典。このほか「自分から行っている」状態として、能動性、積極性、意欲も同じように使われる。

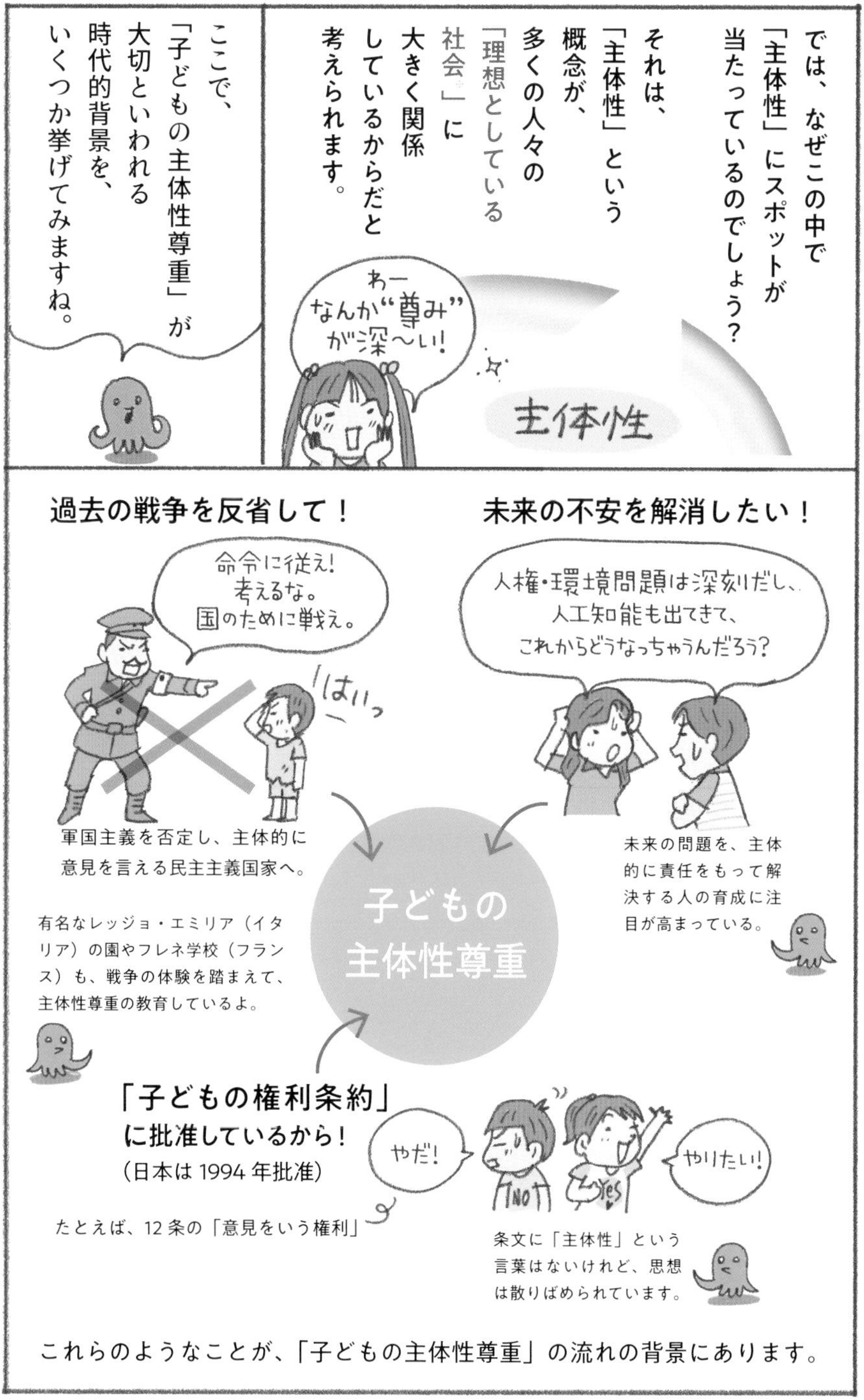
では、なぜこの中で「主体性」にスポットが当たっているのでしょう？

それは、「主体性」という概念が、多くの人々の「理想としている社会※」に大きく関係しているからだと考えられます。

わー なんか"尊み"が深〜い！

主体性
ここで、「子どもの主体性尊重」が大切といわれる時代的背景を、いくつか挙げてみますね。

過去の戦争を反省して！

命令に従え！ 考えるな。 国のために戦え。

はいっ
軍国主義を否定し、主体的に意見を言える民主主義国家へ。

有名なレッジョ・エミリア（イタリア）の園やフレネ学校（フランス）も、戦争の体験を踏まえて、主体性尊重の教育しているよ。

未来の不安を解消したい！

人権・環境問題は深刻だし、人工知能も出てきて、これからどうなっちゃうんだろう？

未来の問題を、主体的に責任をもって解決する人の育成に注目が高まっている。

子どもの主体性尊重
「子どもの権利条約」に批准しているから！

（日本は 1994 年批准）

たとえば、12 条の「意見をいう権利」

やだ！

NO
YES
やりたい！

条文に「主体性」という言葉はないけれど、思想は散りばめられています。

これらのようなことが、「子どもの主体性尊重」の流れの背景にあります。

※理想とする社会：市民が主権を持つ、成熟した民主国家。「主体性の概念を生んだのは、かの哲学者、ルソーだよ」っていう話はP.32参照。ここ、重要。

そして、
日本やＯＥＣＤ※などは、
「子どもの主体性を尊重」する
ことで、
誰もが
自分の人生を生きて、
幸せになること♡
さらに
それによって
社会や経済が
回っていく世界に
していくこと♡
こんな未来社会の
実現を思い描いている。
（P.59～61参照）
子どもの主体性を
大切にして、
自分だけでなく、
みんなのために主体的に
考えて実行できる子を
育てたい。
そういう子が
増えることで、
上述のような理想の社会を
創造したいと
考えているわけですね。
世界のために、環境問題を解決をしたいの！
なに子どもが生意気言ってるの。
いいね！応援するよ！
このように主体性は、
「個々の主体性によって、
世界をつくるんだ」
っていう、
とても壮大な
理念・理想をしょってる
言葉らしいのです。
ただ、このとき、
想定されているのは、
主に"大人の主体性"。
それに対して
「子どもの主体性は
未成熟である」。
これが日本や世界の
社会一般的なとらえ方です。
そこをちょっと
見てみますね。

※ＯＥＣＤ：経済協力開発機構。「よりよい生活」をめざすための政策をつくる目的で設けられている国際機関。

2
子どもに「主体性」はある？
ふぎゃー！
ふぎゃー！！
おなかすいた～、ミルクほしい～。
はい はい
自分の気持ちを表現しているね。赤ちゃんも主体性のある存在だね！
「子どもの主体性を尊重したい」と思っている人はほとんどがこう考えています。
ところで辞書の意味に立ち返ると主体性の説明は、どうなってましたっけ？
うーんと
自分自身の意志や判断に基づいて行動を決定する態度
ってなってるよね
では、はたして、赤ちゃんは、意志や判断に基づいて、「泣いて」いるのかな？
うーん、そう言われると、意志や判断というより、「本能」とか、「感情」かなあ。
さらに、保育所保育指針や、幼稚園教育要領にも、「主体性」という言葉は出ていません。
し…指針？要領？難しい話!?

※幼稚園教育要領にあるのは「…幼児の主体的な活動を促し…」などの表記。

そして、「主体性」が出てくるのは、小学校指導要領以上なんです。
（総則第１-２）
※傍点は編集部
…主体性のある日本人を育成…

でも、ここでも「育成」って書いてありますよね。つまり、小学校以上でも主体性は、育ってる途中であり、「発展途上だよ」というニュアンスなんです。

そりゃ、思考力や判断力が育ちきってないんだから、そうなるよね。
→よくいる一般人
え～？でも子どもだって立派な人間だし、同じ扱いにしたい！だから…。

こうしたいっ
教育者のあるべき姿としてっ
主体性＝「自分自身の意志や判断に基づいて行動を決定する態度」

改め
「自分自身の感情・思いに基づいて行動する態度」も、主体性に含めよう！

ポジティブな解釈！

はい、そんな解釈もできます。辞書の文章はあくまで「解説」であり、定義ではないし、国も、定義は現在設定していません。

ちなみに指針・要領だって、「これに従え！」って法律じゃない。

これをもとにみんなが幸せになれる社会をめざして、"主体的に"保育や教育を「考える」ためにつくられてる文書なんです。

「従え！」だと「考えなくていい、やれ」っていう命令ですよね。

それだと、軍国主義みたくなっちゃうね。

どんな解釈でも、
それが子どもの
育ちの温かい応援に
役立つものなら、
ウエルカム。
かくして、
「主体性」に
ついては、
細かい違いまで
含めると、
納得できる
さまざまな
解釈が存在します。
ぼくは主体性を、「私が私であることを原点と解釈したい」（大豆生田 啓友先生 P.167参照）
私は主体性を、「環境との関係の中で生じるものととらえたい」（無藤 隆先生P.66参照）
etc.
ただ…、通常それを
"意欲"ととらえ、
「大人と同じ主体性を
持っている」と考えることで、
混乱が続出しているのも事実。
子どもを大事に思うがゆえの温かい混乱…。
花壇の花をちょん切ってる。でも、これはこの子の主体性の発揮だ。見守らなくちゃいけないよね？
え～？みんなが育てた観賞用のお花だよ？
なす
はさみ、楽しい♪
チョッキン
チョッキン
みんなのかだん
野菜の収穫中、花を切り始めた子。
これは、どう考えたらいいんでしょう？
（P.23まで読んでね）

3
大人の主体性、子どもの主体性
ここで、大人と子どもの主体性の違いについて、考えてみますね。
以下は、みんなが共通理解しやすいよう、辞書のとおりに「主体性とは自分で考え、判断して行動する態度だ」という解釈を軸にします。
おなかがすいた。でも、これ盗《と》って食べたら、困る人がいるし、自分も犯罪者になっちゃう。【判断】やめよう。【行動】
ぐぅ
大人
一般的に、成熟した人は、このように考えて行動する。
ところが、小さい子どもはまだ、「困る人がいる」とか、「犯罪者になる」などがわからない。
1歳半とか。気持ちだけで行動←
おいしそー
パクッ
あーっ
子連れの鬼門・パン屋さん
でも、P.16の上で言ったように、本来、主体性がみんなが幸せになるための一種の手段だとすれば、
主体性の発揮には、自分のやりたいことの主張だけでなく、「周囲や、いろんな事象への配慮とか責任」も、「考える」必要が出てくるはずです。
ウ〜ム
〜したいけど、○○が困るから、ちゃんと考えなくちゃ。

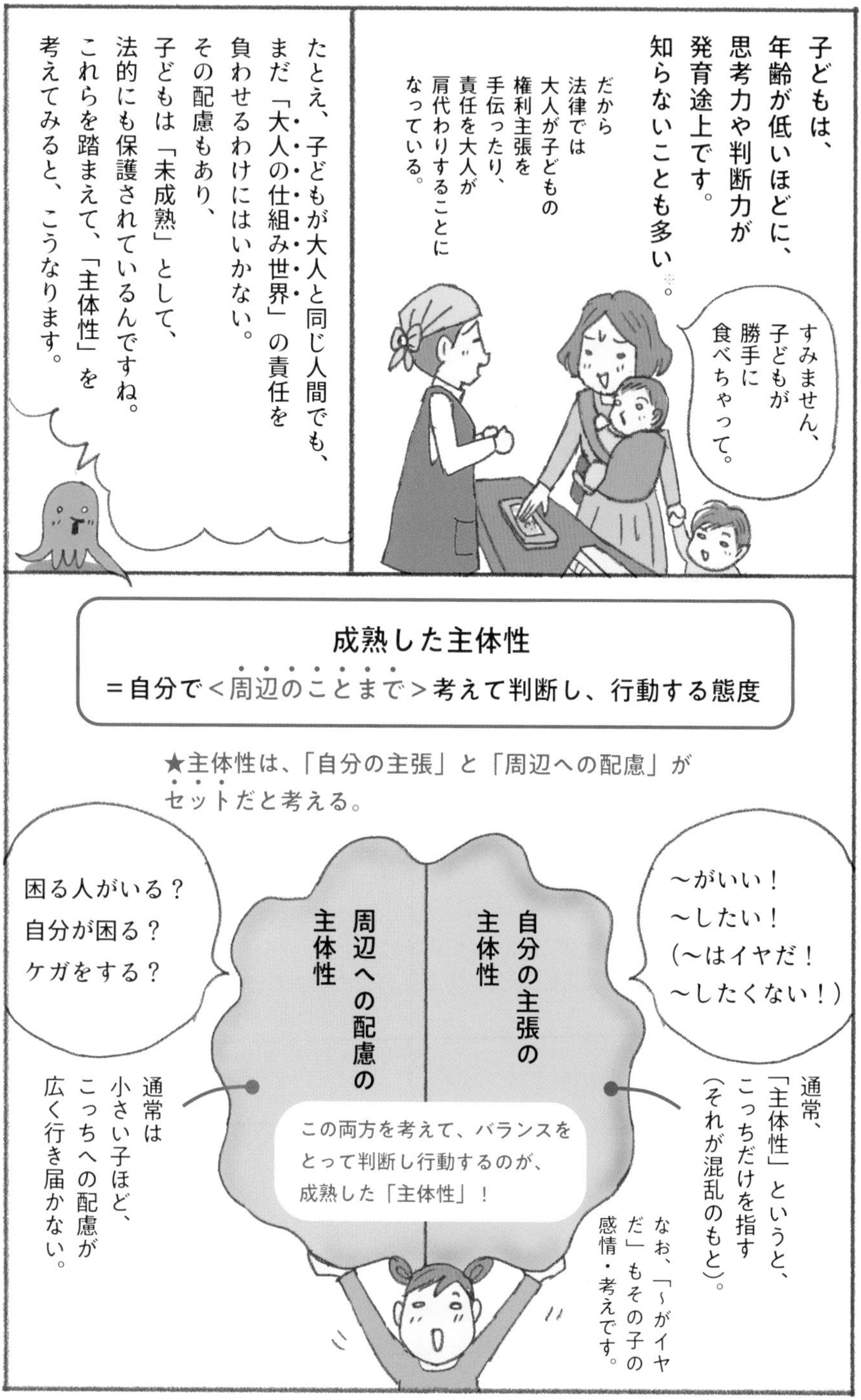

子どもは、年齢が低いほどに、思考力や判断力が発育途上です。知らないことも多い※。

だから法律では大人が子どもの権利主張を手伝ったり、責任を大人が肩代わりすることになっている。

すみません、子どもが勝手に食べちゃって。

たとえ、子どもが大人と同じ人間でも、まだ「大人の仕組み世界」の責任を負わせるわけにはいかない。その配慮もあり、子どもは「未成熟」として、法的にも保護されているんですね。これらを踏まえて、「主体性」を考えてみると、こうなります。

成熟した主体性
＝自分で＜周辺のことまで＞考えて判断し、行動する態度
★主体性は、「自分の主張」と「周辺への配慮」がセットだと考える。
～がいい！
～したい！
（～はイヤだ！
～したくない！）
自分の主張の主体性
周辺への配慮の主体性
困る人がいる？
自分が困る？
ケガをする？
通常、「主体性」というと、こっちだけを指す（それが混乱のもと）。
なお、「～がイヤだ」もその子の感情・考えです。
通常は小さい子ほど、こっちへの配慮が広く行き届かない。
この両方を考えて、バランスをとって判断し行動するのが、成熟した「主体性」！

※脳の発達から見ても、判断や感情をコントロールできる前頭葉の完成期は、10歳代です。

こんなふうに、主体性にはふたつの面があり、「子どもの主体性には、未成熟な部分がある」と考えておく。

（→ここは要注意。P.31参照のこと）

そうすることで、「子どもの主体性尊重」という言葉に右往左往しなくてすむかと。

はさみ、おもしろい。「チョッキン」ってなるのが楽しい。

チョッキンチョッキン
待って、それはみんなの大事なお花だよ！※

自分の「やりたい」っていう主張の主体性は発揮している。でもまだ、周囲のことまで考える”配慮の主体性“は育ってない。

みんなのかだん
はさみ、上手に使えるようになったね。

でもこれは、「きれいだな」って見るためのお花だよ。だから切らないでくれる？ほかのものにしようか。

その「主張の主体性」は認めるよ。

この発展途上の「配慮の主体性」の育ちを応援しよう。この子には、今ここで、切ってはいけないものがあることを伝えなければ。

何を切ったら楽しいかなっ？

わざわざ右の吹き出し”青字“のように意識しなくても、多くの先生が自然に、ケースバイケースでこんな対応をしてると思いますが…。

「主体性の尊重」で混乱していなければ。

※園の花壇という環境については、考え方に整理が必要。P.86〜87参照（とくにP.86の脚注）。

4 「子どもを未熟だと見たくない」

ところで、子どもも尊重したいと考えている大人のほとんどは、「子どもは未熟・未成熟」「未完成」と表現する（される）ことに相当な違和感を覚えます。

子どもは未熟。主体性も半人前なんだ。
大人を基準に考えてる。「大人より、子どもが劣っている」って聞こえる。
なんか偉そうでイヤッ
ミーチュー

大人が子どもを未熟なものとして見る。これが子どもを、「支配しよう」「厳しくしつけよう」「どうでもいい」と考える根源のように思えてしまうんです。

支配する
未熟で"力"のない子どもは、支配する対象だ。
厳しくしつける
子どもは未完成な人間。大人がしつけて、作り込まねば。
上から目線
どうでもいい
子どものために、広い遊び環境なんか必要ない。
TINY

子どもを大人の付属物のようにとらえる古い考え方

大人は子どもより力は強いし、知識が多くて、法的権利も多く（政治参加できるとか）、お金も持ってる。それはたしかに価値あること。
でも、人の価値って、もっと多様だよね？感性の豊かさとか柔軟さとかもある。
うん、子どもを、大人有利の価値基準で比べないようにしたい。
かくして、大人を基準に考える必要のない、「子どもは大人とは違うんだ。違う世界に生きてるんだ！」という考え方が生まれ、共感が持たれます。
大人世界
子ども世界
違うよね。
うん、違う違う※
大人と子どもの住んでる世界が違うって具体的にどういうこと？
たとえ話で説明しますね。
地球に来たばかりの宇宙人。でも、タコチュー星人はタコチュー語しか話せなくても、地球人より劣っているとか思われない。
チューチューチュー
どんなポテンシャルを持っているかまだ不明↓
30年前、地球に来たときの秘蔵映像！
そりゃ、体も違うし、住んでる文化世界も違うんだから、地球語を話せなくても、当然だよね。
ワクワク

※「子どもは大人と違う」と喝破したのはルソーといわれます。（P.32参照）

彼らが、ダンゴムシに驚喜しても、「未熟なヤツ」とも考えない。そもそも、違う世界から来た人だから。
チュチュ～ッ
はっ!?　何だろう?
丸まっちゃう!
おもしろそう!
ダンゴムシ、見たことないんだ。そりゃ、そうなるよね。
水たまりでバチャバチャしても、「地球を探求してるんだ」って思う。
チュ～ッ
わーっ
こんなもの
あるんだ!!
ああ…この宇宙人の世界観。子どもって、それとほとんど変わらないですよね。
生まれて間がなく、この世の知識が少なくすべてが新鮮な子ども。
感じ方、表現の仕方が大人と違う。
体の機能も違う。
バシャッ
これ何だ
わー
バシャッ
チュ
バシャ
ところが、「子ども→大人」って成長するこの世では、どうしても、大人と子どもを・・・つながりで見て、「子どもは未熟で劣ってる」って比べちゃいがち。
チビッ
タコチュー星人の場合は、違う世界から来た人だから未熟とはとらえず、「どんな人？」って見ることができても。
チュー
未知との遭遇

子育てや保育の場では、子どもをこの宇宙人を見るような「どんな人？」「どんな可能性を持ってる人？」「もっと知りたい」（ワクワク）っていう「子育て・保育観」にアップデートできたらと思うんです。

主任←

ああ、その見方が今の主流だよね。

そうなんだ
実際、子どもには大人より優れてると思える部分がある。

おかしどうぞー！

あ、ありがと…

？

お菓子見えてるの？すごい…。

この、「大人と比べてすごい！」という視点も魅力的だけど、大人と比べず、純粋に、「この子、おもしろい！（興味深い・ワクワク）」って驚き、気づき。

これが「保育ドキュメンテーション」※の記録の視点でもあります。

大人の世界の価値観で子どもを見たりできないんだよ。だって子どもは、大人とは違う世界に生きてるから。

子どもを真剣に理解したいと思っている人の中に、一定数、この「境地」にたどり着いている人がいます。

ちょっと乳児クラスの保育に入ってくる。

フラ〜

う〜む、何か仙人みたいな人…。

※「保育ドキュメンテーション」：保護者へのシェアも念頭に置いた写真つきの保育記録。参考文献：『日本版保育ドキュメンテーションのすすめ』（小学館）。

5 子どもとかかわるときの基本マインドセット

（前ページの）主任みたいな境地にたどり着く近道ないのかな…。
近道はないけど、下のような心構え（マインドセット）をイメージしてみてください。
パッ

真剣に「子どもを理解」しようとしている人の心の想像図

——子ども対応の基本マインドセット——

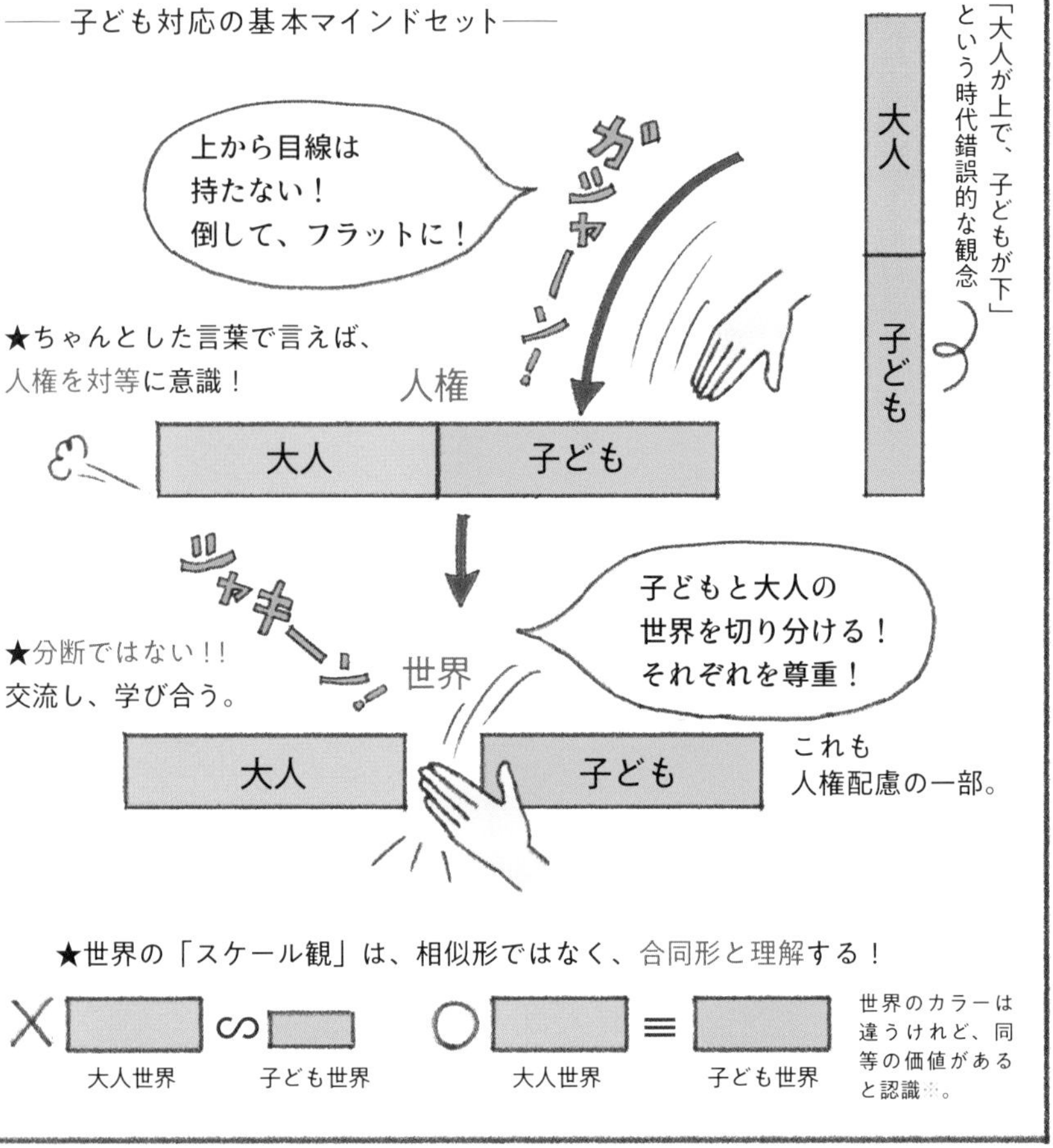

「大人が上で、子どもが下」という時代錯誤的な観念
大人
子ども
上から目線は持たない！倒して、フラットに！
ガシャーン!
★ちゃんとした言葉で言えば、人権を対等に意識！
人権
大人
子ども
ジャキーン!
子どもと大人の世界を切り分ける！それぞれを尊重！
★分断ではない!! 交流し、学び合う。
世界
大人
子ども
これも人権配慮の一部。
★世界の「スケール観」は、相似形ではなく、合同形と理解する！
×
大人世界
∽
子ども世界
○
大人世界
≡
子ども世界
世界のカラーは違うけれど、同等の価値があると認識※。

※たとえば、大人の国家間の交渉と子ども同士のけんかの交渉、大人の月面探索と子どもの水たまり探索。子ども世界には幼さがあるにしても、同等の価値、重みがあると理解する。もちろん、個々の子ども世界もそれぞれに異なり、「さっき」と「今」でも違うという視点も忘れずに。

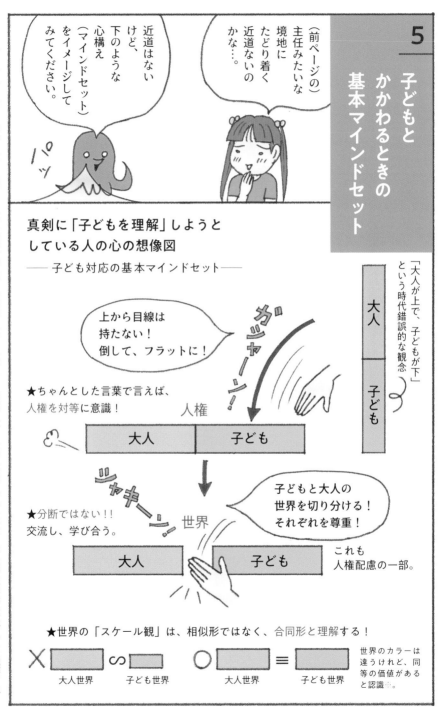

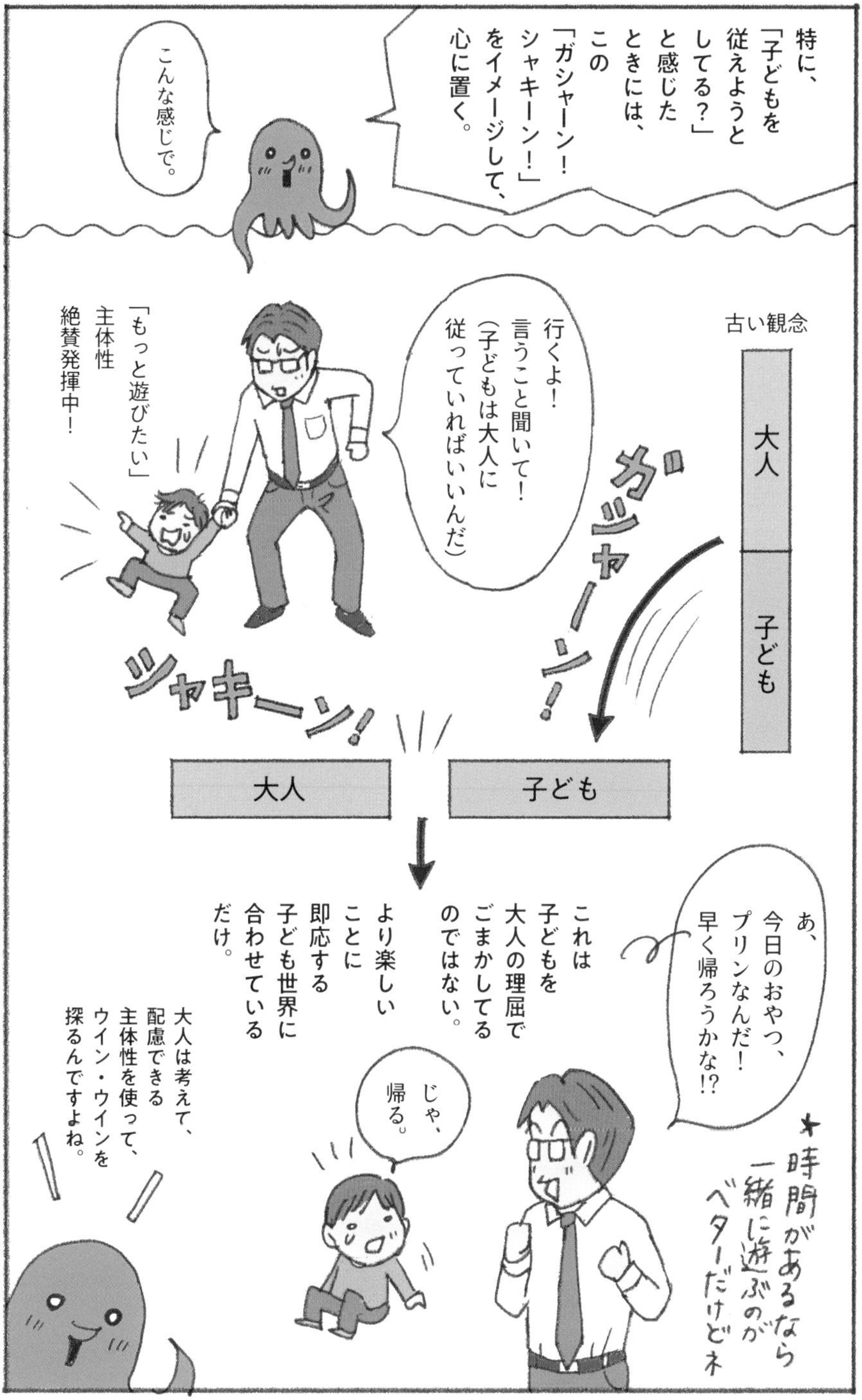
特に、「子どもを従えようとしてる？」と感じたときには、この「ガシャーン！シャキーン！」をイメージして、心に置く。
こんな感じで。
古い観念
大人
子ども
行くよ！言うこと聞いて！（子どもは大人に従っていればいいんだ）
「もっと遊びたい」主体性絶賛発揮中！
ガシャーン！
シャキーン！
大人
子ども
これは子どもを大人の理屈でごまかしてるのではない。より楽しいことに即応する子ども世界に合わせているだけ。
あ、今日のおやつ、プリンなんだ！早く帰ろうかな!?
じゃ、帰る。
★時間があるなら一緒に遊ぶのがベターだけどネ
大人は考えて、配慮できる主体性を使って、ウイン・ウインを探るんですよね。

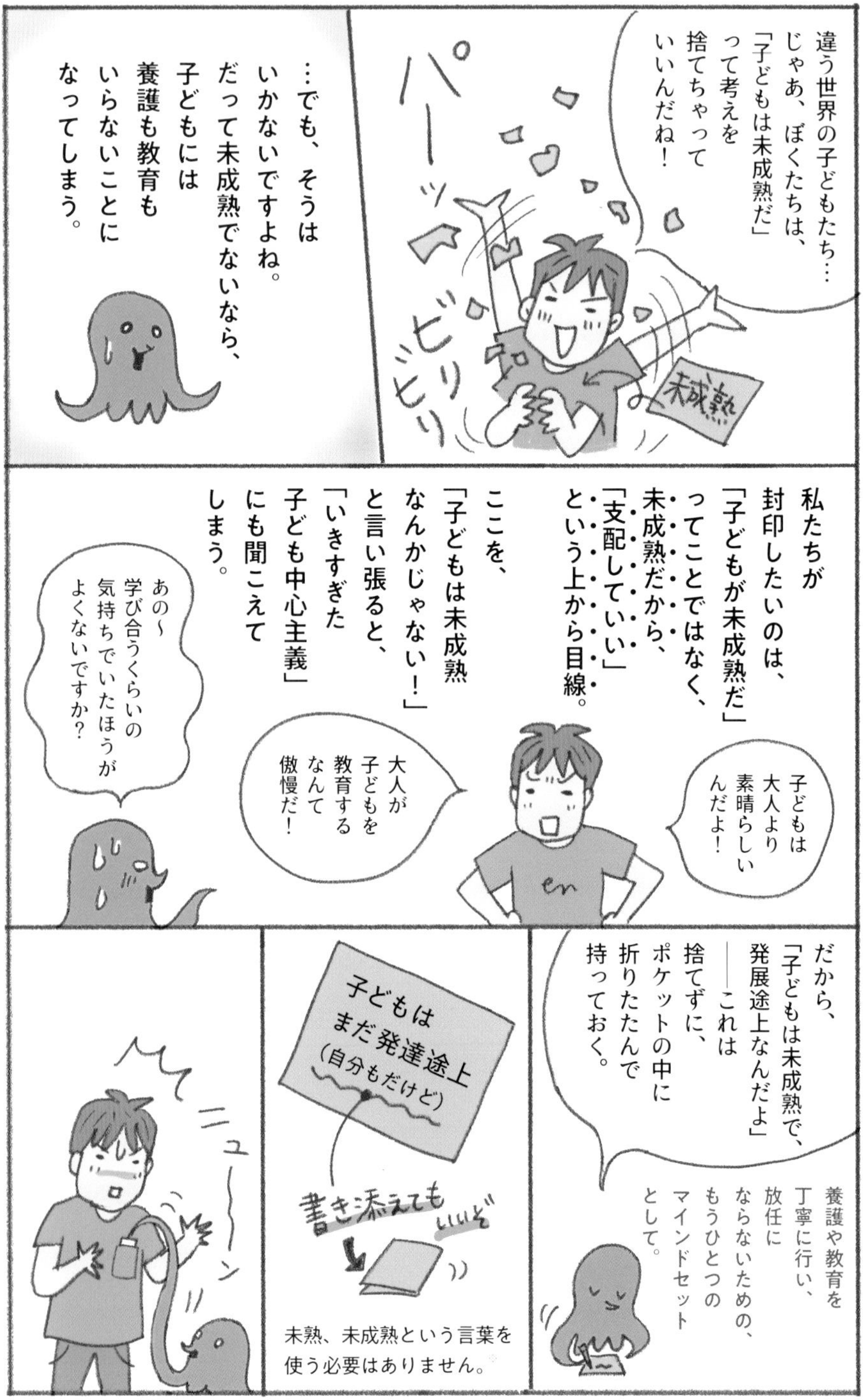
違う世界の子どもたち…
じゃあ、ぼくたちは、
「子どもは未成熟だ」
って考えを
捨てちゃって
いいんだね！
パーッ
ビリビリ
未成熟
…でも、そうは
いかないですよね。
だって未成熟でないなら、
子どもには
養護も教育も
いらないことに
なってしまう。
私たちが
封印したいのは、
「子どもが未成熟だ」
ってことではなく、
未成熟だから、
「支配していい」
という上から目線。
ここを、
「子どもは未成熟
なんかじゃない！」
と言い張ると、
「いきすぎた
子ども中心主義」
にも聞こえて
しまう。
子どもは大人より素晴らしいんだよ！
大人が子どもを教育するなんて傲慢だ！
あの〜 学び合うくらいの気持ちでいたほうがよくないですか？
だから、
「子どもは未成熟で、
発展途上なんだよ」
——これは
捨てずに、
ポケットの中に
折りたたんで
持っておく。
養護や教育を
丁寧に行い、
放任に
ならないための、
もうひとつの
マインドセット
として。
子どもは
まだ発達途上
（自分もだけど）
書き添えても
いいぞ
未熟、未成熟という言葉を
使う必要はありません。※
ニュ〜〜ン

※子どもを尊重する立場から、未熟、未成熟というネガティブな言葉は、避けられる傾向あり。未成熟な主体性ではなく、「主体性の芽」と表現されることも。そのまま「主体性」といってもかまわない。

コミックは2章（P.34）へつづく

column

それはルソーから始まった

仕込まれた種

「主体性」という言葉の概念を、初めてこの世界にリリースしたのは、スイスの哲学者、ジャン・ジャック・ルソー。

　さらに民主主義の理念を考え出したのも、ルソーだといわれています。

　ルソーは、王や貴族が牛耳る社会を否定して、「自由を愛し、自分で考える市民が民主的な社会をつくるのだ」と唱えました。

その思想を書きとめたのが『社会契約論』。そんな市民を育てるための教育書として記したのが『エミール』※です。

　彼はこの2冊を同じ1762年に発行しました。理想の社会をつくるために、教育が不可欠だと考えていたわけです。

　自分で考えて判断し、行動する主体性が、自由な民主的社会を作る。「主体性」も「民主主義」も、ルソーはその言葉こそ使ってはいませんが、ともに彼の中にその種があった。それが、多数の議論や研究の積み上げの上に、今、私たちの民主国家社会の幹になっているんですね。

ギャップはあっても

　ルソーが生きていた18世紀の当時、子どもの権利など1ミリも考えられておらず、虐待も当たり前にあったとか。ルソーもまた、不遇な生い立ちの中で、同じような仕打ちを受けて育ちました。

『エミール』の序章には、「人は子どもというものを知らない。（中略）彼らは子どものうちに大人を求め、大人になる前に子どもがどういうものであるかを考えない」という箇所があります。

　つまり、「子どもと大人とは違うのだ」ととらえていた、ということ。この先見性には目を見張ります。

ただ、そのルソーが、自分の子ども5人を育児院に送っていることはあまりにも有名です。「自分の家族関係の中で育てるよりマシだ」「そうすることが、この国の習慣だ」（『告白』ルソー著）などとして。このせいで当時から「地獄の魂」などと批判を浴びていたようです。

　理想と現実のギャップ。その間に生まれる葛藤。偉人も凡人も、そこからは逃れられないのだと思い知らされたりします。

『本当は深～い「主体性の話」』。森政稔先生（東京大学）を取材し、コミックで解説した記事を公開中です。

※『エミール』著：ジャン・ジャック・ルソー　訳：今野一雄　（岩波書店）

2章

共主体の考え方

共主体の本書の定義は、
「子どもと大人の主体が
バランスよく共存、融合している主体」
「互いに学び、ともに成長し合う主体」です。

でも、大人と子どもの主張の主体性がぶつかったとき、
大人はどうしたら?
一斉保育か、自由保育かなどの2項対立的な議論は、
どう関係する?
2章では、共主体を軸に、これらを整理してみます。

1 相手の主体性と「折り合いをつける」——それが共主体に

ここから共主体の話になります！
なんか新しい言葉が出てきた！難しく言わないでね。
ガンバりまーす
さて…主体性は、子どもだけでなく、大人にもありますよね。なので、遊びや活動では、子どもと大人の主体性の関係には、4つのパターンがあるって考えられます。

＜主張の主体性を考えた場合の4つのパターン＞

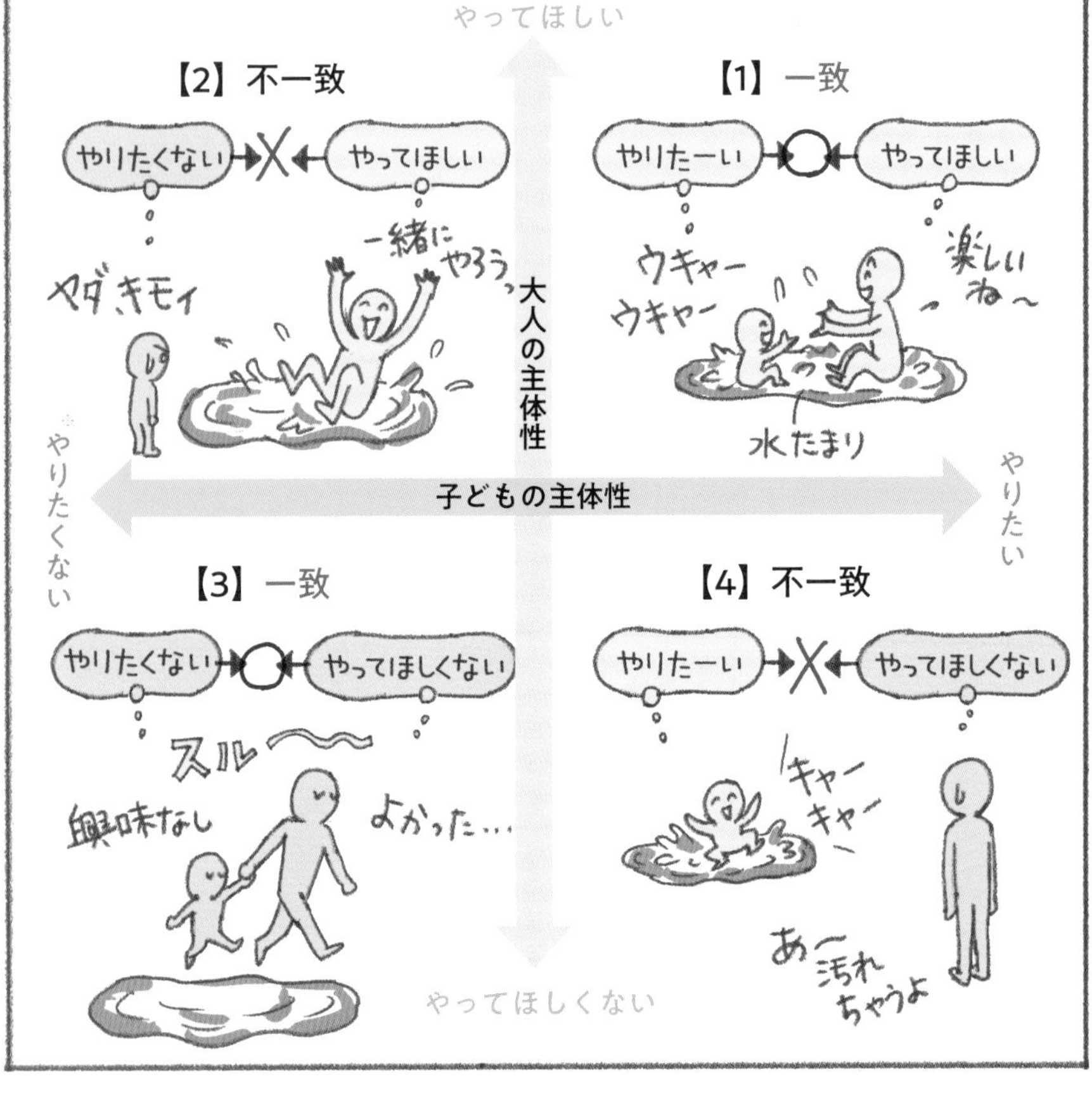

やってほしい
やってほしくない
大人の主体性
子どもの主体性
やりたい
やりたくない
【1】一致
やりたーい
やってほしい
ウキャーウキャー
楽しいね〜
水たまり
【2】不一致
やりたくない
やってほしい
ヤダ、キモイ
一緒にやろうっ
【3】一致
やりたくない
やってほしくない
スル〜〜
興味なし
よかった…
【4】不一致
やりたーい
やってほしくない
キャーキャー
あー汚れちゃうよ

※「やりたくない」もその子の考え、判断なので、主体性です。

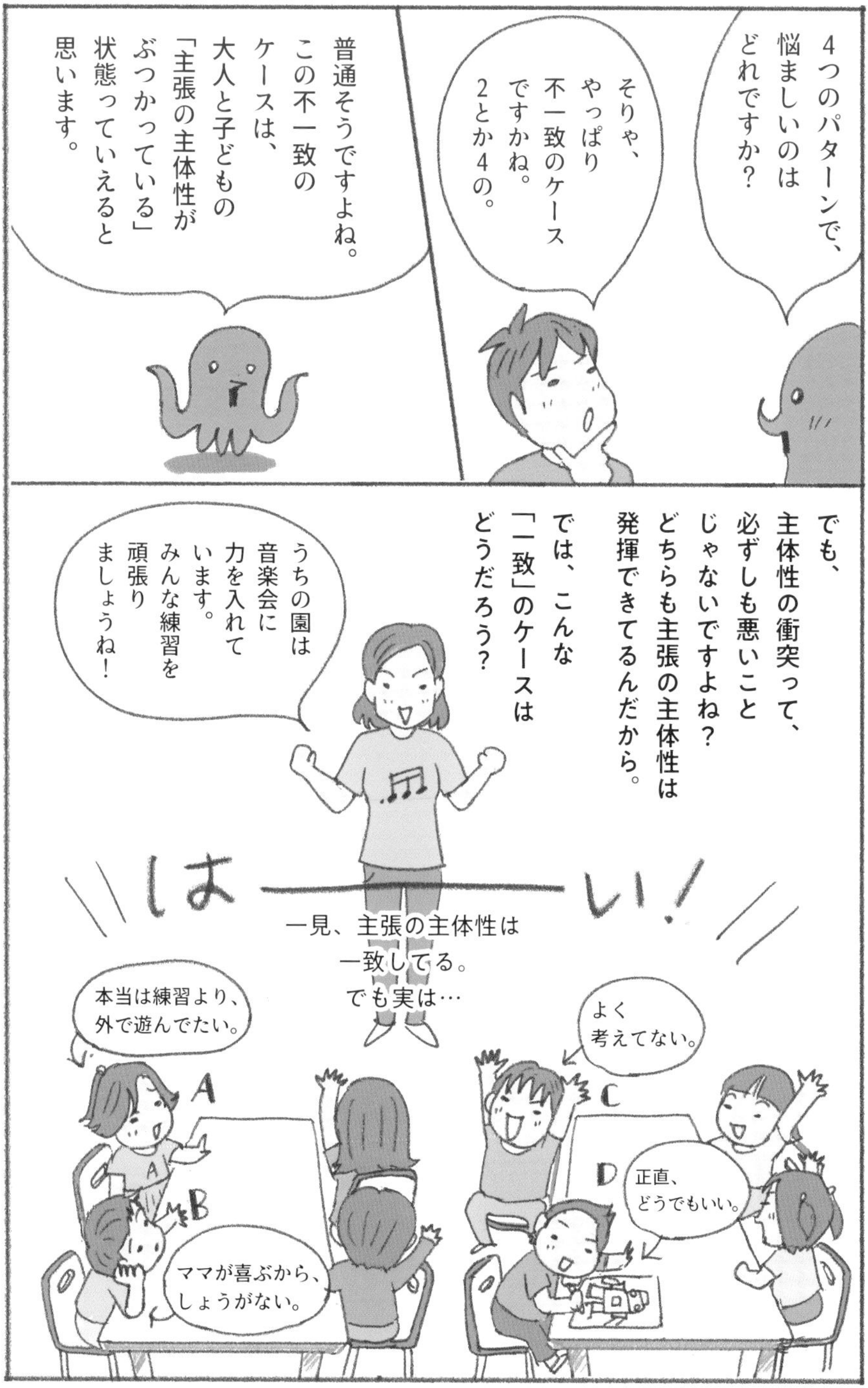
4つのパターンで、悩ましいのはどれですか？

そりゃ、やっぱり不一致のケースですかね。2とか4の。

普通そうですよね。この不一致のケースは、大人と子どもの「主張の主体性がぶつかっている」状態っていえると思います。

でも、主体性の衝突って、必ずしも悪いことじゃないですよね？どちらも主張の主体性は発揮できてるんだから。

では、こんな「一致」のケースはどうだろう？

うちの園は音楽会に力を入れています。みんな練習を頑張りましょうね！

はーーい！

一見、主張の主体性は一致してる。でも実は…

本当は練習より、外で遊んでたい。

A
B
ママが喜ぶから、しょうがない。

よく考えてない。

C
D
正直、どうでもいい。

中には、A～Dのような子が混ざってるまやかしの「一致」かもしれない。

いっちゃえば、これは「主に主体性を発揮してるのは、先生（だけ）」の状態です。

「上から」になりやすい。

一斉保育のワナ、ともいう。

ここでAちゃんから…

衝突する発言が!!

やだ～やりたくなーい。外で遊ぶほうが楽しい。

えほん
こんなふうに言ってくれたら、大人は大喜びしたい。

Aちゃん（主体的に）本当の気持ちを言ってくれてありがとう！

どうしたらいいかみんなで考えよう。

「共主体」の保育・教育は、活動を成功させること以上に、それぞれの主張が極力生かされるよう・・・考え合うプロセスのことです。

2
本音で言います
（ダンジョンエリア）
うーん…でも、正直言えば、一見でもやっぱり一致してるほうがうれしいなあ…。
まあ、そうですよね～。
でも、今の保育・教育目標のひとつに「めまぐるしく変わる時代を生き抜く力を育む」というのがあって、そのアップデートには、
旧：既存の課題を、「上手にできる」ようにする（成果重視主義）
←
新：遊びや生活の中で出てきた課題をみんなで解決していく（プロセス重視主義）
という更新が含まれているんですね。
ここ注意：「成果」を完全に排除するという意味ではありません！
みんな上手に演奏できました！
パチパチ
音楽会、どうする？そこから考えようよ。
ワイワイ
プロセス重視…私、学校でも習いました。
習ったっけ？
あ、主任戻ってきた
そう。そしてそれだけじゃなかったよね。

乳児期には、感覚的だった主張の主体性が――
キャー
ガシッ
1歳
幼児期にはかなり思考のうえで主張できるようになって――
今、あんパン食べたい！何でだめ？こないだは食べたよっ。
4才
その間には（興味深いが）手ごわい「イヤイヤ期」もあったりして
イヤ～ アンパン食べたい～（大人のいいなりになりたくなーい）。
ウギャ
2歳
配慮のストッパーがない主張炸裂の発達状態→
こんなさまざまな子どもたちに、以前なら――
ワガママを言うな！
なぎ払えーっ
スパーン
刈り取られる主張の主体性の芽
これが許されていた時代があったかもしれないが、今は、
食べたいんだね。でも○○なんだよ。どうしようか？
ガシャーン！
シャキーン！
っていうような対応にアップデートされてる時代。
「保育は誰にでもできる」とか言ってる人。「誰にでも」は、できやしないんだよ。
このこと知らなきゃ、できんだろ。
誰かにケンカ売った？

3
上位概念「子どもの最善の利益」を発動!
主任、また保育に戻っちゃった。人手足りないからな~
しかし、知りたいのは、具体的にどうするかなんですけど。
コクコク
じゃ、また具体例で見てみますか。
年長組・冬のケース
「リレー競走をグループ対抗でやろう」とみんなで決めた。その練習を、グループごとで自発的に始めた、ある日のことです。
リレーの練習、みんなFくんのこと待ってるよ!
主張の主体性の衝突
ドミノ並べてるのっほっといてっ
リレーをやりたくない→
←リレーをやってほしい
このとき、大人が、無理に子どもを従わそうとしたら、「上からの対応」になってしまいます。
みんなに迷惑かかるでしょ!!行って!!
では、成熟した大人は配慮して、子どもの「やりたい主体性」を尊重し、そのままドミノをやらせてあげる?

ここで、
保育のプロは、
単純にそうはしません。
保育・教育・子育ての
上位概念を発動します。
それは、
「その子の最善の利益を考える」。
子どもの権利条約や児童福祉法にあるラスボス的ワード。
やりたいこと、やらせてあげたい。興味のあることにこそ、その子の「成長点」があるっていわれてるし。だけど、年長のこの時期、みんなとリレーできるのは最後かもしれない。興味が出るまで待たず、仕掛けていくほうが、この子の「最善の利益」にかなうのでは？
カタカタカタカタ
脳内高速シミュレート中
健康な心と体…
思考力
協同性…
言葉によ
自立心…
道徳性・規範意識の
そして、対話を通して、折り合える着地点を探ります。
主体性
共主体
主体性
よく頑張ってきたね〜。どこまで並べる？私は今、リレーに参加してほしいんだけど、どうする？
マインドセットにのっとる言葉かけ
みんなと遊べるのあと少しだよ。
このときは、先生の願いどおり、リレーに「参加する」を選んだFくん。こうやって周辺の事情も汲《く》める主体性へ脱皮していく兆しが…。それをうながしたのは、先生のバランスがとれた主体性です。
じゃあ、ここまでにしようかな…。
大好きな先生もやってほしいみたいだし※。
これでFくんがリレーを楽しめたらGoodだね。
脱皮

※Fくんは、ここで先生の影響を受けていますが、「誰の影響も受けない主体性はあるのか」という議論があります。著者は、本人がほとんど不快感なく納得できていれば、「当人の主体性に統合された」とする立場です。ただし、洗脳や刷り込みまで考えると難しい。まだまだ世の議論や葛藤は続いています。

集団生活の場合、子ども同士の衝突も、よく起こりますよね。

Fくん、いなくてリレーできなかった！ほんと、わがままなんだからっ。

大っきらい
このように容赦のない子がときどきいます。

ガーン
しかし、これこそが、集団保育の真骨頂ともいえる。

集団の中で、発展途上の主体性を出し合い、子どもはそれで磨き合います。

(嫌われたら悲しい)

だって…。

ちょっと言いすぎちゃったかな…。

先生、Fくん泣いちゃった。

この先は、仲介したほうがよさそう。

何があったか聞いていい？

生活や活動の中で、葛藤や対話を重ね、折り合える方法を探る。その過程でみんなの主体性が混じり合っていきます。

これが、「共主体」です。

みんなでリレーしたかった
ドミノやりたかった
どうしたらよかった？

次はこうしたら？

合意へ
→交渉方法も学び合っている。

4 バランスをとって共主体へ

「共主体」的な保育・教育では、大人と子どもの主体性発揮の折り合いをつけるのが前提です。そのとき大人は、自分の主体性と子どもの主体性の「バランス」を考えます。

こんな具合。

子どもと先生の主体性バランス

共主体的な保育・教育のイメージ

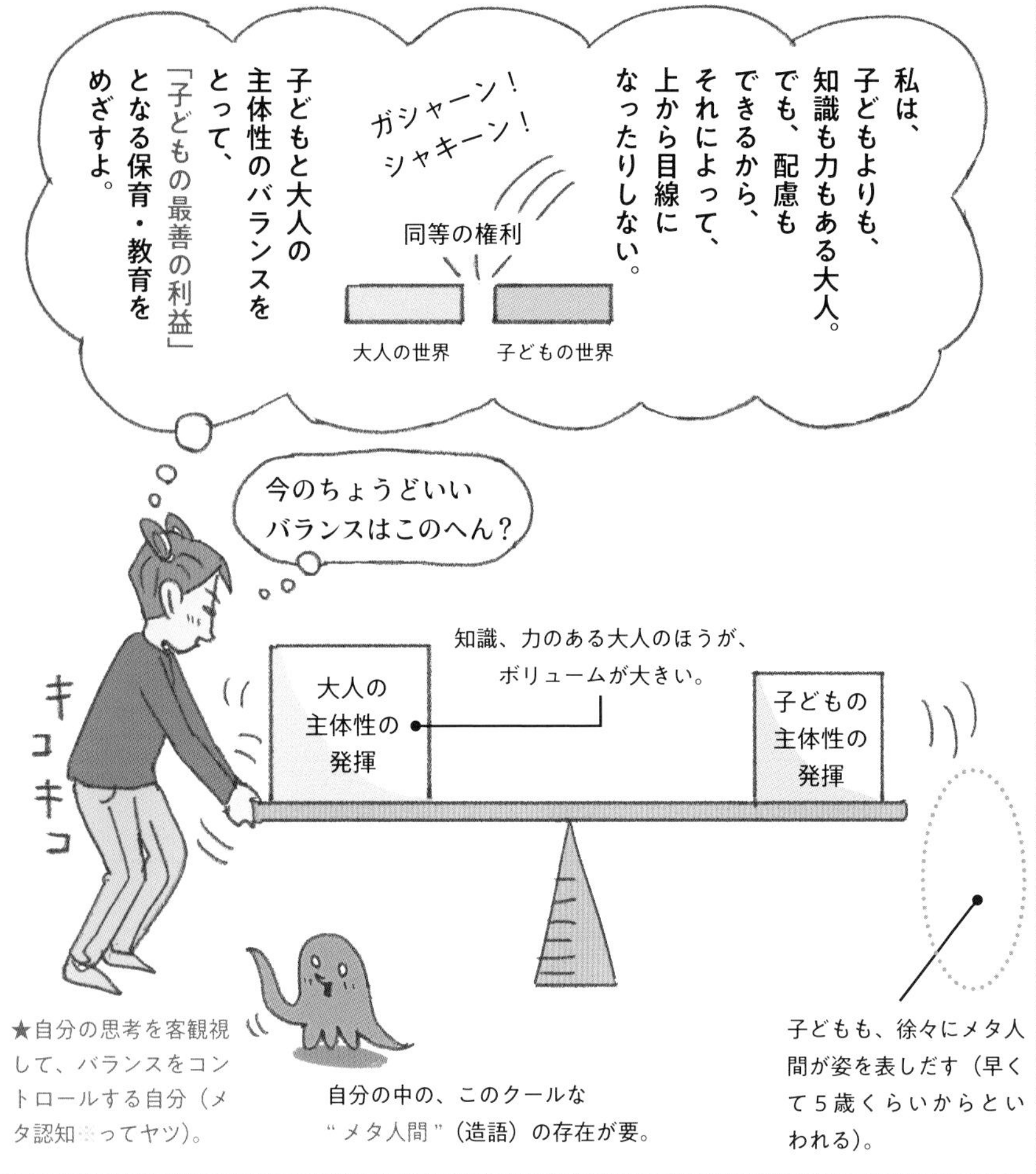

私は、子どもよりも、知識も力もある大人。でも、配慮もできるから、それによって、上から目線になったりしない。
ガシャーン！シャキーン！
同等の権利
大人の世界
子どもの世界
子どもと大人の主体性のバランスをとって、「子どもの最善の利益」となる保育・教育をめざすよ。
今のちょうどいいバランスはこのへん？
キコキコ
知識、力のある大人のほうが、ボリュームが大きい。
大人の主体性の発揮
子どもの主体性の発揮
★自分の思考を客観視して、バランスをコントロールする自分（メタ認知※ってヤツ）。
自分の中の、このクールな“メタ人間”（造語）の存在が要。
子どもも、徐々にメタ人間が姿を表しだす（早くて5歳くらいからといわれる）。

※メタ認知：自分が考えたり判断する「認知」を、「これでいいかな？」と冷静に、客観的に「認知」して、あたかももうひとりが自分をコントロールするかのような能力のこと。

"メタ人間"が働かないと、「大人の主体性の発揮に傾く実践」が中心になりがちです。古い教育が、まさにこの状態。

先生の話を聞く！手はお膝！

放っておいたら、重くてこっちに傾く。

メタ人間不在の「統率」状態。

また反対に、"メタ人間"が不在なために、放任になったり、こんなことが起こったり…。

よその畑
いいね！盗《と》っちゃえ、盗っちゃえ。

子どもか！

メタ人間不在の「放任」状態。

ズルッ
そもそもに、全面的な子どもの主張の主体性尊重は無理です。だって、「勝手に園の外へ出る」ことは許されないし…、
ストーップ！

朝、「園に行きたくない」と泣く子を預からないという選択肢もないんです。

だからこそ園の中では、より安心して、楽しめるよう努力したいんだよね。

そして大人の主体性が強く発揮されなくてはならないカリキュラムもある。例えば防災・防犯教育です。

グイッ

※「登園」のケースについては状況に応じ、「親子の最善の利益」を、親子間のバランスで考える必要が出てきます。

Gちゃん、
避難訓練だよ！

早くおいで！

ちょっと待ってて！

ねんねの時間!!

命を守るための訓練です。Gちゃんの主張は認められない。こんな子を連れ出すのも訓練のうち。

こうやって、大人のメタ人間は通常、「シーソー」をいつもコントロールしてるんですよね。
P.3のイラストを今一度、見てください。この例で、バランスのとり方をもう少しだけ考えてみます。
ダンゴムシを水に入れてみよう。

パラパラ…

命は1個ずつだよ。わかってやってる※!?

子どもたちの「やりたい主体性」

衝突
先生の子どもたちに「やめてほしい主体性」

死んでから気づかせる方法もある。でも、彼らには先に、虫にも命があることを、今きちんと伝えたい。

こう考えて先生は、「命は1個ずつ」と声をかけた。

ゴイッ
先生の主体性を意識的に強めに発揮
でも、「言い方が強すぎた」などと思えば謝って、丁寧に話を聞いたりしてバランスをとります。

おもしろそうだからやった。

そうなんだ。でも死んじゃうよ※。

※生物の命のとらえ方については、P.87参照。

5 「子どもが中心」の共主体的保育って？

子どもには、
それぞれ発達段階や、
個人差がありますよね。
そして先生たちは、
ケースバイケースで
その子の
最善の利益を考えて、
行動していると思います。

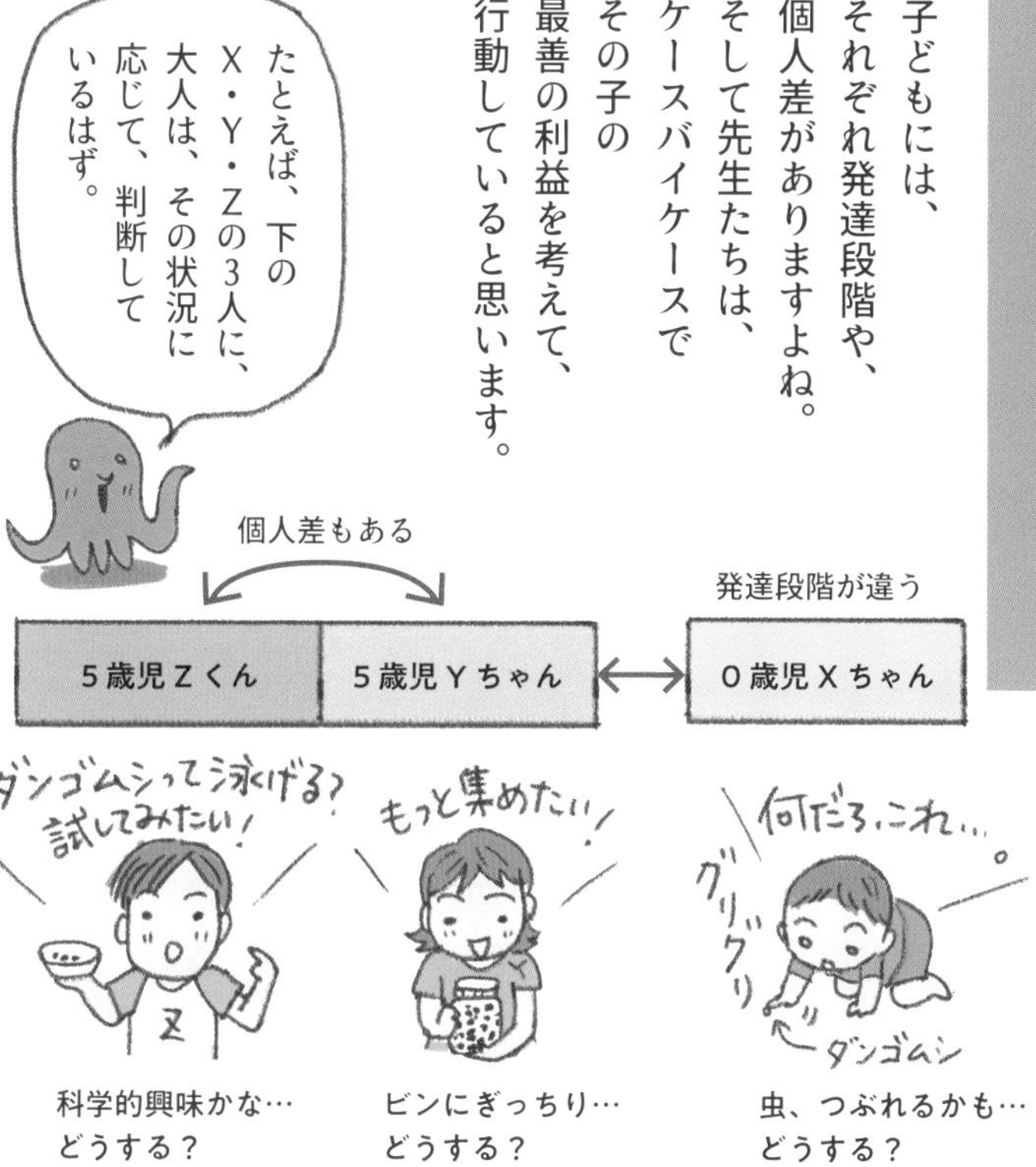
たとえば、下のX・Y・Zの3人に、大人は、その状況に応じて、判断しているはず。
個人差もある
発達段階が違う
5歳児Zくん
5歳児Yちゃん
0歳児Xちゃん
ダンゴムシって泳げる？試してみたい！
もっと集めたい！
何だろ、これ…。
グリグリ
ダンゴムシ
科学的興味かな…どうする？
ビンにぎっちり…どうする？
虫、つぶれるかも…どうする？

「この子（たち）にとって、何がベストか」。
この、子どもの最善の利益を考えて
行う保育が、すなわち、
子どもが中心の
「共主体」の保育
なんですよね。

大事なこと、今ごろ言ってごめん。

でも…「今」のこの子にとってのベストと、「この先」のベストが違うかもしれない場合は？
今、外遊び命！虫採りベスト！
←6歳
先々のために、文字にも興味を持ってほしい（願い）。

クラスに発達がゆっくりな子がたくさんいると思えたら待ってもいいけど…。たいていはその子たちが「文字へ主体的にかかわりたい」って思えるよう、こっちが主体的に仕掛けをつくるわね。
主任アゲイン
だって、「やりたい！」と思える機会（環境）がなかったら、子どもはどうにも「主体性を発揮」しようがないじゃない？
触れてみなきゃ楽しいかどうかもわからないヨ
たしかに
「あかねちゃんが…」って書いておいたヨ
あかねちゃんがとったかぶとむし
環境に仕掛け。好きな虫に関連させた。→
わー
かっこいい
「子どもが中心」は子どもに好きなことだけやらせておくことではなく、「最善の利益は何か」を考えることね。
Yes Yes
さて——今度は、「保育の方法・視点」について考えます。
キーワードは子どもの最善の利益に基づくシフトチェンジ！よく対立して考えられがちな、4つのブロックについて考えてみましょう。
いろいろ忙しいね。
ガッチャン
A
B

6 保育の4つの方法・視点も「最善の利益」で判断

保育には、A 自由保育／B 一斉保育などの方法があります。今まで、これらはたびたび、「どっちかしかない」かのように議論されてきました。

でもこれも、実践では「子どもの最善の利益は?」で考えて切り替えているはずでは?
あ、朝の会は一斉でとか、ぼくもたしかにやってる。
ガッチャン
A
B

保育・教育方法の４つのアプローチ

共主体的な保育の場合

「この子（たち）の最善の利益は？」で考えて、「AvsB」ではなく「A&B」の思考でいきます。

	A		B
1	自由保育	／	一斉保育
2	見守り	／	教育的援助（指導）
3	非認知能力教育	／	認知能力教育
4	プロセスの評価	／	結果の評価

乳幼児期はＡが「中心」です。発達段階としては、それが妥当。でも、Ａばっかりと決めつけない。

Ｂは、現状の学校が重視するアプローチ。保育がこちらの側に傾くと、小学校の下請け的になる。ただし、乳幼児にも必要なシーンは多々あります。

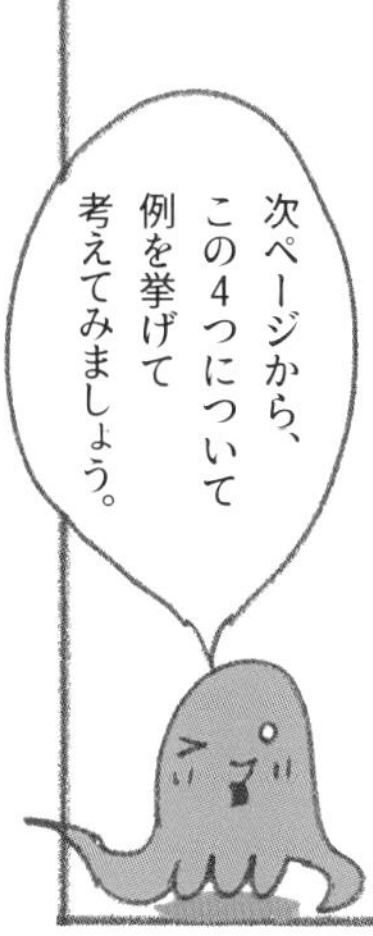

次ページから、この4つについて例を挙げて考えてみましょう。

以下、すべてのシーン<例>で、権利と子どもの世界のマインドセットの上に共主体的な保育が展開されてるよ！

1 A 自由保育 & B 一斉保育

（P.62 ~ 63、68 ~ 80 参照）

自由保育の基礎的知識

子どもが興味・関心から、遊びを見つける。乳幼児期は、こちらが中心。放任保育ではない。

先生のねらい・願い

今の「成長点」の遊びに夢中になってほしい。

実践ポイント

個々や、群れの遊びに、必要に応じて対応する。

特に幼児期には、
両方あるのが
自然。
最善の
利益として、
今の時間は
どっちがいい？
A
B

一斉保育の基礎的知識

支配的統率保育ではない。やりたくない子にも配慮する「ゆるやかな」一斉保育。

先生のねらい・願い

子どもの興味・関心を意識して、この時期に経験してほしい活動への参加を期待。

実践ポイント

個々の主体的な参加の仕方を尊重する。

お、何か気づいた！危険はないかな？必要なものはないかな？
共主体
何だろこれ。
あ、
石
私もやりたーい
きれいな石を集めるんだ。
群れの遊びも起こる
この石、軽い！重さを量ってみたいな〜。

ねえ、みんな、昨日の話し合いで出た、Zくんの興味から、学校から秤を借りたの。
このように自由遊びから発展させられたらステキ！
共主体
楽しそう！やりたい！
石じゃなくても量れる？やりたい！
これ何トン？
私は昨日の続きで、石集めがしたい。
いいよ、気が向いたら来てね！
これも共主体

・自由保育は、先生が個別にかかわりやすいため、信頼関係がつくられて、自分の気持ち（主体性）を出せる子が多くなるという報告があります（なお、本書では耳慣れた「自由保育・一斉保育」という言葉を使用していますが、一斉保育でも自由な遊びが生じたり、自由保育を放任と解釈するなど多々の混乱が生じるため、現在、自由保育・一斉保育という言葉は積極的には使用しない方向です）。

2 A 見守り & B 教育的援助（指導）

見守りの基礎的知識

子どもが安全な環境で、試行錯誤を楽しんでいる場合。無用に口を出さない。

先生のねらい・願い

失敗も含めて（大ケガに至るものは別）、主体的にいろんな経験をしてほしい。

実践ポイント

必要に応じて、即、Bの教育的援助（指導）へシフト。ここが「放任」との大きな分かれ目！

この子（たち）の
最善の利益として、
今は
見守る？
援助する？
A
B

教育的援助の基礎的知識

危険が予測されたとき、遊びの導入や、停滞しそうなとき、大人として伝えたいことがあるときに。

先生のねらい・願い

知識・技術の伝授とともに、考えるチャンスをつくりたい。

実践ポイント

伝えるか、気づくのを待つか、判断を見極める（通常、自分で気づくほうが、学びは深い！）。

おもしろい！
砂のくぼ地に水をためて、舟を浮かせたいのね！見守ろう。
共主体
水がたまらないな…。

できなくて、遊びが進まない。ヒントを出そう。

水をためるなら、砂の下に何かを敷くといいんじゃない？（このヒントでDくんなら気づくかな？）

共主体
あ、ブルーシートに水がたまってたな…。

そういう何か…

・子どもは本来、大人から学びたがり、大人は、子どもに教えたがる特性があるとわかっています。ただ、乳幼児期（特に乳児）は、まず物的環境から感じ取って学ぶ時期。だから先生は環境に先生のねらい・願いを込めます。この場合は、たとえば、遊びやすい砂場や楽しさを倍増させる多様な遊具を用意することなど。

3 A 非認知能力教育 & B 認知能力教育

非認知能力教育の基礎的知識

非認知能力とはOECDの整理では、目標の達成・情動のコントロール力・人との協働性のこと。

先生のねらい・願い

学びの根っこになる非認知能力の育ちを応援したい。

実践ポイント

ひとつの活動で、認知と非認知の双方が育つことを知っている。

この子（たち）の最善の利益として、両方の育ちを意識、応援しているよ。
A
B

認知能力教育の基礎的知識

文字、数の記憶や理解などの認知能力は、自然な形で習得。求められれば教えてもOK。

先生のねらい・願い

学校での学びが楽しみになるような経験を提供したい。

実践ポイント

一斉指導の認知能力教育は避けたい。非認知能力が育っていれば、後れはとらないとされる。

ごはんだけど、自分たちで、切り替えられるかな？
ちょっと待ってみよう
共主体
できる、できる！
それ、こっちじゃない？
向きが逆？
協働活動
知的な認知能力も同時にUP

目的達成にからむ「実行機能」※1が注目されています。この言葉は覚えておきたい。評価の視点にもなる。

数字や文字

1 2 3 4 5 6 7 8 9 10

室内に貼っていてもNGではない。

環境にさりげなく実験用具など。

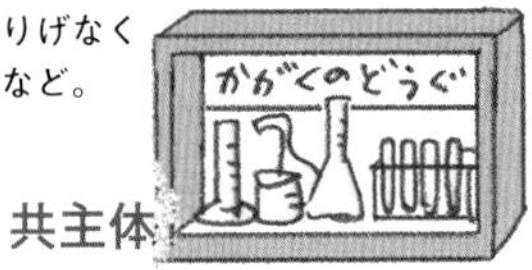
かがくのどうぐ
共主体

「あ」ってどう書くの？
こうだよ
道具で同じ量のジュースを作った！

目的達成などの非認知能力も同時にUP

発達には差があり、不利になりやすい外国籍の子どもや、ギフテッド※2と呼ばれる子もいる。そういう子どもたちには、積極的なサポートを要する。

※1　実行機能：目的達成のために、欲求を制御してやり抜く、課題を切り替えるなどの脳機能。
『子どもの発達格差』著：森口佑介　（PHP研究所）参照。
※2　ギフテッド：先天的に特定の分野で秀でた才能を持つ人のこと。発達障がいを併せ持つことがある。

4 A プロセスの評価 & B 結果の評価

「評価」は、園の文化では、「振り返り」の意味だととらえるとわかりやすい。

過程も結果も、両方とも評価するよ。子ども（たち）の最善の利益となるように。
A
B

プロセスの評価の基礎的知識

活動の過程（プロセス）で何が育っているか、どんな援助が必要かを探る。

先生のねらい・願い

「楽しそうでした」だけで終わらせない。次の活動のヒントにできるよう振り返りたい。

実践ポイント

指針や要領の５領域・10の姿などもヒントに。

結果の評価の基礎的知識

活動の結果の育ちや、援助の過不足を検証。

先生のねらい・願い

「うまくできたか」だけでは見ないようにしたい。

実践ポイント

子どもにも、“先生自身”にも、ポジティブな評価の視点を。

共主体
ガンバレーッ
あきらめず、挑戦する力が育ってる。でももう少し簡単な遊具が必要？

本人が努力しているとき、「あと一歩いけるかも」と思えたときは、激励してOK。追い込まないように。

わあ、ついにできるようになったね！頑張ったね！
すごい！
共主体
自己有能感、ダダ上がり！

「すごい！」だけじゃなく、何がすごいかを伝えて。相手の気持ちを読み取って、「共感してほめる」が今風。

こんなふうに、「vsではなく、&で考える」スタンスをとると…

Aがいいといわれているのに Bでやっちゃった。叱られる？

とか、

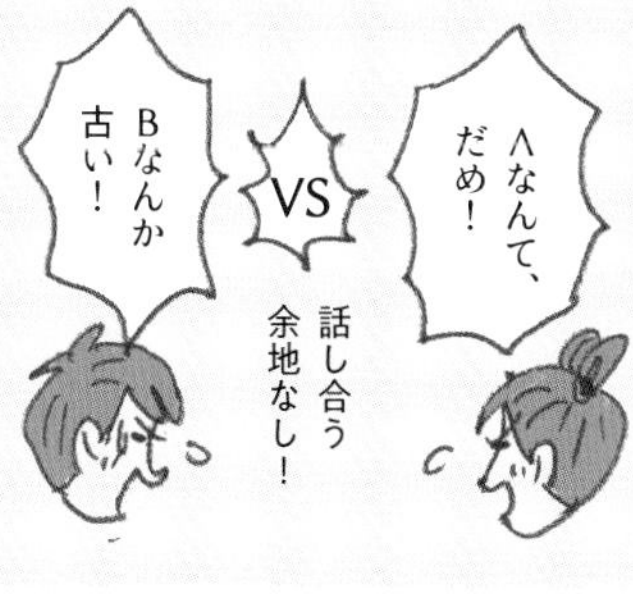

Aなんて、だめ！
VS
Bなんか古い！
話し合う余地なし！

ということが起こらず、多角的に考えるチャンスができます。どっちかじゃなく、どっちも、ね。

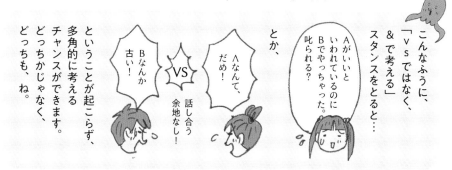

大人は、子どもと交流しながら、膨大にある「大人社会」のための情報を、徐々に子どもたちへ伝えていきます。

大人って、まじ大変…。

いろんな責任
楽しみもあるけどネ
生活や仕事のコマゴマから、法律とか保険制度とか税金とか貧困、気候問題とか…。

そのとき大人は先まで見通して、今のこの子にはどんなかかわりが必要なのかを判断し、対応するんですね。

今は生活の基礎ね。

さらに、「主体性」が民主的な社会をつくるものなら、園や学校も、「子どもを含めた民主的な場所」でないとおかしい。教育機関でもあるんだし。

ですから、ルールや活動は年齢に応じて、極力、子どもと話し合って決めたり、気持ちを汲《く》み取って進めないと。

カードゲームなんか持ってきちゃダメ。

考えるな
規則
髪の毛は黒！

「黙ってルールを守らせる」って、主体性を捨てろって教育ですか？

ねえ、どうしようか？やりたい？どうやってやろうか？みんなで考えようか。

（第2部参照）

やるっ
う〜んと〜

あ〜

7 育ちの基本の「3《スリー》ベース」と主体性の関係

ここで、乳幼児保育の基本の「き」と、主体性（共主体）の関係を確認しておきますね。

「自己肯定感」「他者への信頼感」「自己有能感（自信）」。この3つが、幸せに生きていくための土台といわれています。
聞いたことある。

毎日の「安心・楽しい」生活の中で育つ、心の「3ベース」

このふたつは特に乳幼児期の養護の中で育つとされる。

【自己肯定感】

どんな自分でも、愛してもらえる存在なんだ。

やったな～でも大丈夫
大好きだよ～。

【他者への信頼感】

（アタッチメント※を含む）
自分のことをよく知って、温かく応答してくれる人がいる。

私が担当ね。
ヨロシクね

主に教育に配慮した環境やかかわりで育つ。

【自己有能感】

自分で作った！　自分にはやれることがある！

みてみて～
お～、よく飛びそうな飛行機！

注：成功体験のために、できないことや「負け」体験を回避するのは違いますよね。段階を踏んで学ぶことなどで、負けから立ち直るバネの育ちを援助します。

※アタッチメント：特定の相手との強い情緒的な絆のこと。特に、不安を感じたとき、その人に〝くっつく〟ことで安心できるような関係性をさす。「愛着」ともいう。

万が一、「心の3ベース」がないと、自信が持てなくて、主張の主体性が出せなくなったり……。

ちゃんと言って。どうしてこうなったの！

追い打ち
繰り返し、叱ったり否定する。もしくは無視する。

自分は愛されてない。受け止めてもらえない。できることもない…。

ゆくゆく、配慮の主体性の乏しい、"虚勢"の主体性ばかりになってしまうかも。

何でボール、貸してあげないの？友達にいじわるしないでっ。

ヤダ
自分なんかどうでもいいヤツなんだろっ。

（配慮の余裕なし）

逆に、赤ちゃんのころから――

その子の「したい」に心を傾けて、こちらの「したい」を丁寧に伝えることで、3ベースが育ち、共主体の関係がつくられていくかと。

だっこなの？

だっこするね？

ア～

うん！大人は保育の重要な「人的環境」だからね！

「人的環境」、へー、難しい言葉、知ってるね。

※叱ること＝「虐待」ではありません。叱る・注意することがあっても、相手との良好な関係があり、あとで「あなたが大事」が伝えられれば大丈夫。問題となるのは、このように相手に配慮しない言葉・態度をとることと、繰り返し責めることです。

人的環境も含め、われわれは生物、モノ、空間、事柄というすべての環境から影響（刺激）を受けて感じ、考えている。つまり、取り巻くすべてと共主体的関係にあるともいえる。環境は話さないけれど、擬人化して人は代弁できるよ。

地球Love
世界が平和だといいね！

私たちきれい？愛してね。

サッカーはみんなでやったほうが楽しいよ。

ア
おもしろそうでしょ？

うん
←その「影響」を増やすために、大人が用意した魅力ある環境たち。

以上が、主体性・共主体に関するプレゼンでし…

あっ、休憩時間が終わってる！

おつかれさま～っ
クラスに戻らなきゃ！またあとで話しましょ。

子どもたちに会いたくなった♡しかし、この分、残業だな…。

あ、園長、残業代つけてね！

え!? 何!?

主任、最強！

ズバー

■第1部　おしまい■

column

「子どもの最善の利益」で、はずせないこと

やっぱりみんなで考える

「子どもの最善の利益」で判断する。

　そうはいっても、先生によって、判断が異なることって、往々にしてありますよね。たとえば、決まった歌や踊りを子どもにさせる「発表会」をやるかどうかとか。

　ある先生はやらせることが最善の利益だと言い、別の先生はやらないほうが最善だ、というようなケース。もし意見がぶつかったら、どうしたらいいでしょう?

　園が共主体で動く組織なら、やはり「みんなで」とことん考えて決める。これしかないと思います。

　園の恒例行事だったとしても、見直しのための定期的な話し合いは必須です。新しい考えを入れて再考する。時代も子どもも、変化し続けています。

理想はみんなが「楽しい!」

　このとき、話し合いには、子どもたち、可能なら保護者にも参加権を。

　そして「最善の利益」として、最も意識したいのが、「子どもたちみんなが楽しい!」になっているかです。「みんなが幸せ」な社会をめざすなら、そこが理想のゴール。

　万が一、子どもが乗り気でないのに、「振り付けて踊らせて!」という保護者がいたら、「私たち、"指示待ち"で動くような子にしたくないんですが」と言ってみては? 子どもを"指示待ち"に育てたい親はまずいないので、かなりの確率で、理解してもらえます。

無理に求めると苦しい

　ただ実は、中には何が楽しいのかはっきりせず、「指示を出してもらうほうが、性に合っている子」がいます。あるいは、あっても言いたくない場合もありますよね。子どもだっていろいろ複雑です。

　それを無理に「どうしたい? 考えて!」と責め寄ったら、逆に主体性を損なってしまいかねません。

　考えが子どもから出されない場合は、

- いくつかの案を出して、選んでもらう。
- 納得したようならトライ。
- 「途中で変えてもいいよ」とハードルも下げておく。

　というやり方もあります。

　さらに、「常にみんなが楽しい!」を追い求めすぎると、疲れてしまうかも。突発的につらいことが起こってもそれはいい学びの機会だし、「ボーッとする日があるのもいいね~」ってゆったり構えることがあってもいいですよね。そのほうが存外、幸せな気がします。

第2部

保育アップデート！
「共主体の保育」
総括的な理論のコーナー

総括的な理論のコーナー1

無藤 隆先生・大豆生田 啓友先生との対話

子どもと大人、そしてモノ・コトも含めて「共主体」

一人ひとりが幸せになり、世界中の人々が幸せになる。
さらには人だけでなく、地球上の生物も。
そのために、社会を変革しよう――これは世界的なムーブメントです。
その変革の力を得ていくために、みんなが学び合う「共主体」に。
この考え方から出発して、「共主体」についてさらに広く、深く、考えました。

無藤 隆先生
白梅学園大学名誉教授。保育学などが専門。保育思想研究家。文科省のOECD Education 2030プロジェクトの議論に参画。2017年度改訂の幼稚園教育要領審議会の座長など、国の保育行政に長年携わる。

大豆生田 啓友先生
玉川大学教授。保育・子育て支援系が専門。厚労省の保育所等における保育の質の確保・向上に関する検討会メンバーなどを歴任、2023年現在、こども家庭庁の「幼児期までのこどもの育ち部会 」の中核メンバーとして参画。

＊編集部は著者（おおえだ けいこ）。ほかの理論編も同様。

――「共主体」は、コ・エイジェンシーの訳語から生まれた

編集部（おおえだ けいこ　以下同）　よく「保育は子どもが主体で」といわれますが、「保育者だって主体的に参加し、共同で学んでいるよ」ということを再認識しようという動きがあるようです。

大豆生田　園は「子どもの最善の利益」を追求する場所ですから、「子どもが中心」のカリキュラムで、「子どもの主体性」を尊重するスタンスは変わりません。

その一方で、今の時代の保育者の役割は何なのか。そこを自覚するために、「保育者の主体性」や「共同の主体的学び」の意義をきちんと意識しようということなんでしょうね。

編集部　そこで、その「共同の主体的学び」、つまり、みんなが学びの主体であることを、これから「共主体」と呼んでいきたいと思っています。

「共主体」という言葉は、無藤先生が主宰している「幼児教育研究会」の英語文献で紹介された「コ・エイジェンシー」（※）という単語が由来なんです。もともとのエイジェンシーやコ・エイジェンシーという英語は、OECDの「Education 2030 プロジェクト」に出てきているんですよね。

無藤　旅行代理店のことを「エイジェント、エイジェンシー」と言っ

※　OECD（経済協力開発機構）の文書では、エイジェンシー（agency）は「自ら考え、主体的に行動して、責任をもって社会変革を実現していく力」と定義。コ・エイジェンシー（co-agency）の「コ」は、コラボレーションやコーポレーションのコで、共同、協力の意味がある。

モノや生き物も
みんな共主体
としての
パートナーだョ

たりするでしょ? あれは、宿泊先を手配したり、「旅行する人に代わって実際に動く人」という意味です。つまりエイジェンシーは、「行動する主体」のこと。

OECDのいうエイジェンシーは、端的に言えば、「主体的に社会の変化を起こす力」「主体的変革力」。「コ・エイジェンシー」は、みんなで変革していく、共同の変革力。

その「共同の変革力」を育てるために、みんなが学び合う主体であることを「共主体」と表現したらいいと考えました。

大豆生田 まだ一般化した言葉ではないけれど、「共主体」という言葉で進めていこうということですね。

社会のために行動する共主体

編集部 単に主体的に行動するのではなく、「社会を変える力を得る」という目的を持ってということ。それは、本気で社会を変えなければならない時代背景があるからで、SDGs(※)という言葉も、よく耳にしますね。

無藤 変わらなくてはならないのは、保育、教育界だけでなく、国家も含め、すべての業界がです。経済界は、環境破壊で消費者が滅びたら企業も滅んでしまいますから、かなり真剣に取り組んでいます。

そのとき大切なのは、「議論」と「行動」を分けるのではなくて、議論しながら行動するという点です。これが今後の21世紀のモデル

※ SDGs:「持続可能な開発目標」のことで、2015年に国連が打ち出した2030年までの達成目標。人権問題、経済の問題、環境問題など、17の項目がある。

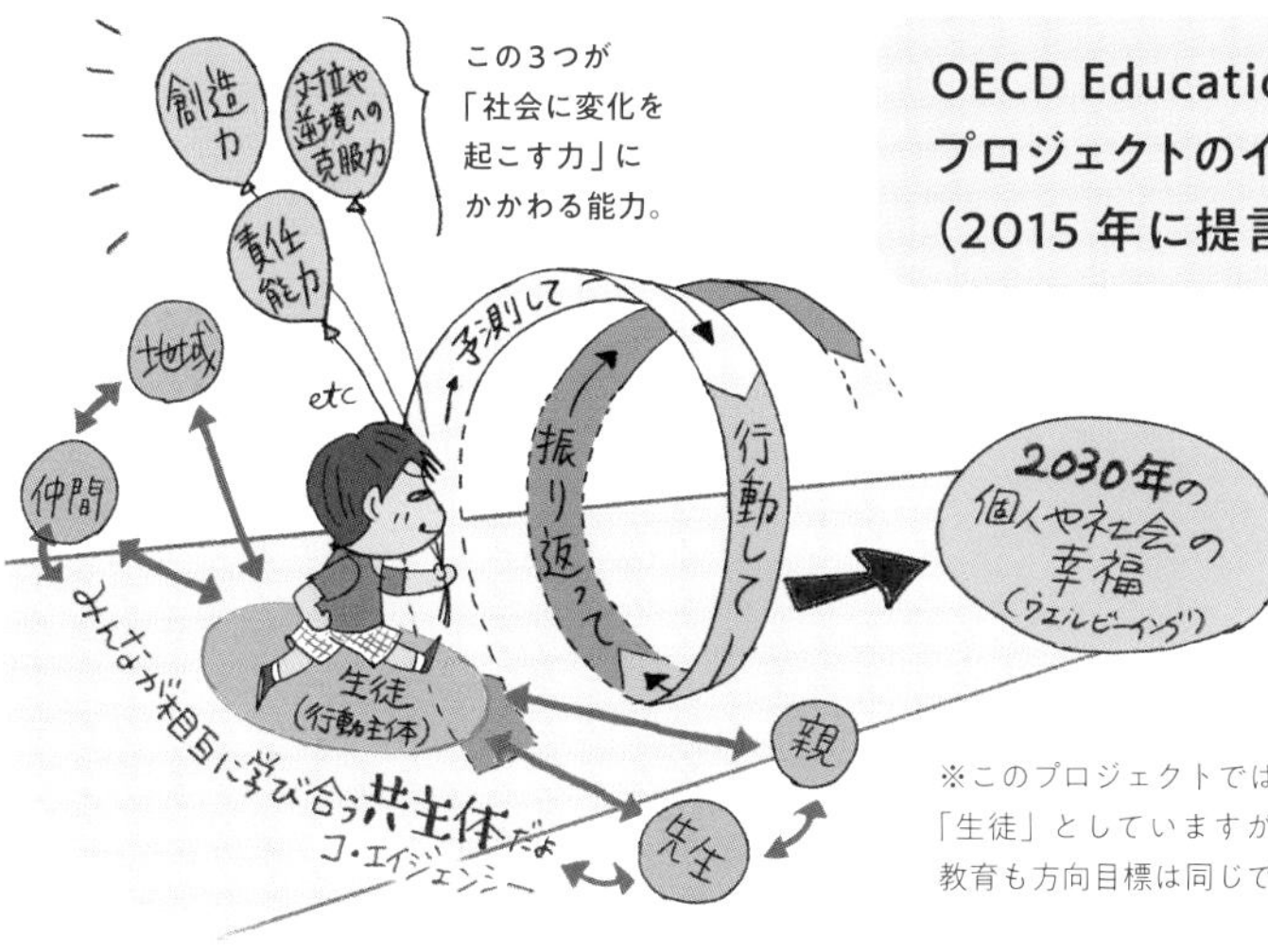

OECD Education 2030 プロジェクトのイメージ（2015年に提言）

※このプロジェクトでは子どもを「生徒」としていますが、乳幼児教育も方向目標は同じです。

です。国家主導で会議をしながら対策を講じたり、市民も議論しながらできることを行動したり、もちろん共同でできることは交渉しながら一緒にやっていく。

もう、結論が出ない問題が多すぎて、立ち止まって解決策を探している場合ではないとみんなが悟ったんですよ。

編集部　それは、国も、市民一人ひとりも、「行動する主体」であり、共同で行動する「共主体」になる、ということでしょうか。そして保育も、それをモデルにできるということですね。

保育も社会変革に関与している

大豆生田　たとえば、保育に引きつけて考えてみると、保育者主導で遊びを始めても、子ども主導で始めても、みんなで対話しながら活動を進めていく。

あるいは、集まりの時間をつくって、「今日はこれをしました」と自分のやったことを伝え、みんなの意見を聞き、試行錯誤しながら一緒に展開していく。こういった実践はすでに多くの園で取り組まれていると思います。

その対話の中で、意見のぶつかり合いもあるんだけど、それを交渉して折り合っていく。この経験自体が主体的な行動だし、またそれを学習する大事な機会でもありますね。

編集部　小さいうちからのそういう経験で、社会を変える力も育っ

主導権のグラデーション、トータルで「主導権」の偏りを検証する

←自由保育といわれる
一斉保育といわれる→
100%
主導権の高さ
0%
あっ がケだ
ピュ～
好きなもの集めよう♥
行動主体
子ども主導
カリキュラムは、常に子どもが中心（のはず）
大人主導
ドングリ集めてね
行動主体
ほかのことしないでっ
ドングリ集めの時間でしょ？
半々

子どもの自由度が高すぎ。先生の意図が効いていない。「放任」と呼べる実践。

半々がいいわけではない。子ども主導の活動が多いのが今流。教育時間の4時間がほぼ先生主導では多過ぎる。

先生が仕切りすぎ。子どもの主体性がおろそかにされている。「統率」と呼べる実践。

ていく。そんな意識を持たないとならない社会になってる。常にそれを意識するのは難しくても、頭の片隅には置いておきたいと。

―― 共主体の主導権は誰がとる？

無藤　保育を「共主体」で考えるとき、押さえておくといい視点がふたつあると思っています。

そのひとつが、「誰が主導権を握るのか」という点です。一般的に、保育者が主導権を持つのが「一斉保育」で、子どもが持つのが「自由保育」と考えられています。

そして、「一斉保育」は先生が一方的、強制的に進めるのに対して、「自由保育」は、子どもがわがまま放題にやっていい保育だと、それぞれがかなり偏って受け止められていたりする。

「一斉」「自由」という言葉だけを読めば、そうなるかもしれないけれど、現実の保育では、どちらかだけの保育などまずないんですよ。もちろん、子ども主導の時間が多いほうがいいけれど、両方の主導が必要なんです。

編集部　今は、「子どもの主体性尊重」がうたわれているので、「保育者主導の保育」への風当たりのほうが強いって感じます。ただ、「子ども主導であるべき！」と固まってしまって、かえってそれが足かせになり、戸惑ってる先生がかなりいるんですよね。

大豆生田　逆に、「子ども主体でやってる」と言いつつ、すべて保育

「自由保育&一斉保育」は両方の時間を作ろうという意味ではない

「自由＆一斉」というのは、「保育では、それらが両方起こりえる。どちらかを否定しない」という意味で、自由保育と一斉保育の「時間配分などを決めてスケジュール化しよう」ということではありません。子どもの必要に合わせて、計画も実践も、柔軟に組み立てます。

自由な活動・
一斉の活動で始めても…

一斉で始めても、一部で「個別の遊び」になったり、自由な時間でも、グループや一斉の「協働的な活動」は起こる。いずれの場合でも実践のポイントは、臨機応変な対応と環境の充実・かかわりに配慮すること。

者が仕組んでいることもある。カレー作りの材料を準備してあるのに、「何を入れる？」って聞くだけ聞いて、準備してないものは全部却下するとか。このごまかしを「カレー論法」って呼んでますが（笑）。

自由保育＆一斉保育でいうと、これは自由活動と一斉活動の「時間」をバランスよく入れればよいってことではないですよね。小学校では、「個別最適な学び」（※）、「協働的な学び」という言葉を使っていて、ぼくはその言葉のほうが自由・一斉という「保育形態」で分けるより、わかりやすいと思っています。

「今は子どもがやりたいことを選んでじっくり遊ぶことに時間を取ろう」（個別最適な遊びの時間）、「これはみんなで集まってやったほうが互いに刺激を受け合っていい」（協働的な遊びの時間）と柔軟に保育を組み立てる。形態と時間で区切るのではなく、一日が子どもの流れに添っているかを意識してほしいですね。

――人と「モノ」との新しい関係

無藤　共主体のもうひとつの観点は、「行動する主体」は、多数の「モノ」（環境）」とつながっているということ。これは、ＯＥＣＤの共主体の意味から、少し発展させた解釈ですが。

古くは、「モノ」は人間が一方的に働きかける対象だと考えてきました。それが今は、「モノが発信している情報を人がキャッチ」し、その結果、人が行動するという考え方がかなり浸透しています。こ

※　小学校の「個別最適な学び」は、個々の子どもに合う指導や機会を提供し、一人ひとり最適な学びを保障するということ。園でも、個々にあった援助・機会提供は、子どもの最善の利益にかなう。

アフォーダンス理論

「アフォーダンス」は、理論を提唱した、心理学者のジェームズ・J・ギブソン（アメリカ）の造語。人や動物は、探索してモノ（環境）の持つ価値（～することができる＝アフォーダンス）を見つけ、行動するという考え方。知覚心理学に分類される。

タイヤを探索して、「立てる」という価値を選んだBくん

「タイヤがBくんに立つことをアフォードした」「Bくんは、立つというアフォーダンスを発見した」と表現する。

タイヤを探索して、「座れる」という価値を選んだAちゃん

「タイヤがAちゃんに座ることをアフォードした」「Aちゃんは、座るというアフォーダンスを発見した」と表現する。

の考え方を知ると、環境への見方が変わっておもしろくなります。

その中心にあるのが「アフォーダンス理論」。端的に言うと、環境が人や動物に与える「行為の可能性」のこと。

たとえば、タイヤが置いてあったとき、ある子はタイヤを探索して、「この上に立てる」という行動の可能性を見つける。また別の子は、「中に入って座れる」という行動の可能性を見つけます。

編集部　生き物は行動するとき、無意識に自分の体の大きさとか能力とかを、目の前の環境と照らして動く（※）と聞きました。たとえば、岩と岩の隙間に、上手に跳び込むカエルとか。同じ環境でも、人によって行動が変わるのは、それが関係していると。

――アフォーダンス理論とナッジ理論

無藤　そう、アフォーダンスは、そういった生態学をもとにしています。

今までは子どもを観察するとき、「タイヤが気に入ったようだ」と、子どもの心の読み取りが中心だった。それを、このアフォーダンスの視点で見ると、この子の身体的発達がここまで進んで、「タイヤの中に入ることができる」と感知して行

※　カエルは「自分の体の大きさやジャンプ力」を感覚として持っていて、それと「岩までの距離や隙間の広さ」を推し量って、岩間に跳び込むことができる。

ナッジ理論

経済学者のリチャード・H・セイラー（アメリカ）による理論。意図的にその行動を起こさせるよう、環境や仕組み、情報提供を設計する。「強制」ではなく、行動を選べること、また、それを仕掛ける人、仕掛けられる人の双方のプラスになることが設計の条件。行動経済学に属する。

有名な例：おしっこが男子小便器から散らないように「ハエを描く→そこに命中させたくなる」（結果、飛び散らない）よう誘導すること。

ハエの絵

強制ではないが、登ることをナッジされたＣちゃん。

タイヤが登るよう、直接ナッジした。

登りたくなるように積んだの
楽しんでほしい私と、楽しめる子ども、双方にメリットあり

先生が、タイヤを通して登ることをナッジさせた。

動したんだ、という読み取りになってくる。

大豆生田　それだと子どもをよりじっくり観察し、次の環境設定のヒントも得やすくなることが予想されますね。

無藤　さらにそれと似た、行動経済学の「ナッジ理論」というのがあります。

ナッジというのは、「軽くヒジでつついて行動を促す」という意味。ナッジ理論の特徴は、「強制」になったらダメとされている点です。あくまで当事者の自由選択が大前提。

さらに行動を促す側と、促される側の双方のメリットになっていないといけない。促す側の都合だけで、相手に行動を起こさせない、というルールがあります。

——環境が呼びかけ、それに呼応する

無藤　ただ、ナッジ理論は本来、促す側が「よい」とする方向に選択を誘導するためのもの。つまり、ナッジ理論をそのまま保育に当てはめると、大人がねらったとおりの行動を起こさせることが目的になってしまうんです。それなら、「モノ自体の特性の中から、人が選んで行動する」というアフォーダンスのほうが、保育には合っています。

編集部　たしかに、アフォーダンス理論はとても魅力的だと思うんですが、「アフォーダンスでは〝環境に誘われる〟とは

モノとの「呼びかけ―呼応」の関係

年齢や子どもの興味によって、魅力的な「環境の呼びかけ」が起こるような環境設定をする。それに呼応することで、主体的活動が起こる。

言わない」とか、日常的な感覚ではちょっと使いにくい部分があるんですよね。アフォーダンス理論とナッジ理論のいいとこ取りの理論はないのでしょうか。

無藤　私が今考えているのは、環境の「呼びかけ」があって、そこに子どもが「呼応する」というとらえ方です。

私たちは無数の環境に囲まれています。それらすべてが、自分に呼びかけ、誘いかけてくる感覚が起こる。

私たちは、そのほとんどの呼びかけを無視しています。環境の呼びかけすべてに反応するなんて、不可能ですから。その中から選んで呼応しているんです。そして、呼応して行動したとき、そこから主体的活動が始まる。

子どもに呼びかける環境を

大豆生田　なるほど、「呼びかけと呼応」。その環境には、場合によって人も含まれるのでしょうが、「モノも人も」呼びかけ、呼応しあう共主体であるといえそうです。

無藤　私は、主体性を環境との関係の中で生じるものととらえたいんですね。そして、主体性の尊重というより、「主体的な活動」の尊重に意味を見いだしたい。

この世では、無限にある環境の中で、たくさんの人々が主体的な活動を進めていて、さらに、無数の生物がまた似たよ

選択的に「呼応できる」環境がいくつもある。

呼応されない無数の環境がある。

うな主体的な活動を行っています。そこに、みんなが入っていく。そのとき起こる「呼びかけ―呼応」で、主体的な活動がまた誘発され、反響していく、と。

大豆生田　もし環境の多様な呼びかけから、子どもが選んで呼応することが主体的活動なら、「この遊具は、こういう使い方して！」と決めつけてしまうのは、モノとの共主体を大人がじゃますることになりそうです。

編集部　それは〝統率〟的保育っぽいですね。反対に、すべての環境が呼びかけてくるんだから、「特に何もしなくても、子どもはまわりの環境に呼応して勝手に遊ぶよ」というのは〝放任〟になるでしょうか。

無藤　そこは、子どもにとって、よりよい魅力的だと思えるモノが選べるよう「選択肢」を用意するのが、大人の役割でしょう。そして、モノだけでなく、文化や経験といった「コト」もその対象ですね。

編集部　その場合、文化や経験は大人の押しつけでなく、自然に呼びかけてくる形で子どもに出合わせられればいいですね。あと、「モノが呼びかける」というとらえ方は、モノに感情移入しやすい先生たちには、相性がいいように思えました。まずは、そのイメージがつかめるとよさそうです。

　共主体もいろいろな解釈を考えて、語り合うことを楽しんだり、保育が深まる手立てになっていけばと思っています。

総括的な理論のコーナー２

遠藤利彦先生・大豆生田 啓友先生との対話

「一斉保育で社会化が進み、同化・差異化が生まれます」

巷《ちまた》では、「一斉の保育は古い」ととらえられがちです。
でも、そう一概には言えません。
みんなで遠足に行くこともあれば、
朝のちょっとしたゆるやかなミーティング、
それらも一斉保育です。
要は、子どもの気持ちとやり方次第。
では、心理学の観点からはどう説明できるのか。
主体性、共主体の理解と併せ、対話を通して考えます。

遠藤利彦先生
東京大学大学院教育学研究科教授。主な研究テーマは、養育者と子どもの関係性と子どもの社会情緒的発達など。2023年現在、発達保育実践政策学センター (Cedep) のセンター長など。

大豆生田 啓友先生
プロフィールはP.58参照。

一斉保育はダメなの？

自由保育
粗大運動
音楽遊び
etc.
微細運動

今、推奨されている、好きなときに自由選択で遊べる「コーナー遊び」。環境に大人のねらい、願いを**埋め込む**。

一斉保育
今から、みんなでマラカス作るよー！
って、これはダメなの？

一概にそうではないよ、というお話。

一斉か自由かではなく、「自己決定できる場面があるかどうか」

――なぜ、「一斉保育はよくない」といわれている？

編集部　今は、子どもが中心の自由保育をメインに行う園が増えていると思いますが、一方で、ほぼ先生主導の一斉指導で保育を行っている園も少なくありません。そもそも、なぜ、一斉保育を避けようとする流れがあるのか。

遠藤先生は、どう考えていますか？

遠藤　保育・教育するといったとき、大人の子どもに対するかかわりには、「社会化」と「個性化」というふたつの側面があると思うんです。「社会化」は、集団に溶け込めるようにすること。「個性化」は、子どもの自発性・主体性を最大限に発揮できるようにすることです。

ところで日本では、「社会化」のほうにあまりいい印象が持たれていないと思いませんか？

「社会化」って聞くと、どうも「同調やルール遵守」の部分が強調されて、よくないイメージを連想してしまう。そういう人が多いん

保育・教育の中の個性化と社会化

どっちかに
ブレーキがかかってると、進まないんだ
自由保育で
特に進む
一斉保育で
特に進む
個性化
社会化
自尊心・自制心・自立心など
共感性・協調性・道徳心など

じゃないでしょうか。

だけど、人間の最大の強みは、群れをつくって、協力できることなんですよね。人間には、鋭い爪も牙もなければ、特別速く走ることもできないじゃないですか。そのため、集団としての強さを選択することで繁栄してきたっていわれています。

―― 社会化＝社会の歯車という誤解

遠藤　だから、所属する集団に溶け込んで居場所をつくれるかどうか。それは人間にとってとても重要なことなんです。

教育や保育は、子どもが集団に溶け込めるように、「人との関係性をつくって、維持できるように導き」ますよね。

人との関係性をつくるには、「共感性や思いやりを持つこと」のほか、「群れへの同調やルールに従うこと」も含まれています。

でも、群れへの「同調」や「ルール遵守」っていう言葉は、「社会の歯車」とか、「没個性」というネガティブな言葉を思い出させてしまうんです。

すると、それに対する反動が起こる。そのせいで今は、子どもの自発性・主体性を最大限に発揮できるようにする「個性化」が非常に重視されるようになっている面があると思います。

大豆生田　なるほど。そして一般的には、「社会化をめざすのが一斉保育で、個性化をめざすのが自由保育」と、とらえられているのでしょうね。

遠藤　そうですね。私も、個性化尊重の流れに批判的ではないんです。ただ、「社会化」の側面が見過ごされてしまうのも、問題かなと思って見ています。そこはやはり、両者のバランスかなと思います。

――ポイントは自己決定できるかどうか

編集部　この「自由保育中心」の考え方には、指針・要領の影響もあると思うんですが、大豆生田先生、これは初期の指針・要領のころからの流れなんですか？

大豆生田　その発行にかかわった教育者の倉橋惣三氏（1882～1955年）は、子ども中心主義を推進していました。

彼の書いた「誘導保育論」（子どもの興味に沿ったテーマを拾い、活動に一定の流れが作られるように仕掛ける保育）は、多くの人に検証されていますが、それはもともと、遠藤先生のおっしゃる社会化も個性化も一体化されたものとして出されたと思うんですよ。子ども一人ひとりが自分の活動を選んで、そこから社会化を助ける協同的な活動へ発展していくというような。

ただ倉橋は、当時当たり前だった一斉保育を戒めるために、「自発性尊重を強く言うしかなかったのではないか」と思っています。それが指針・要領や、今に続く自由保育への傾きに影響を与えたということは、あるのかもしれない。

その一方で、倉橋の考えていた協同的な活動は、クラス全体で同じことをすることは意味していないんです。少人数グループでもいいし、もう少し大きな集団というスケールでも起こりうるものです。

さらには、クラスの子どもたちの興味が揃えば、一斉になることだってあります。それを否定は

一斉保育と自由保育で発揮しやすい主体性（例）

自由保育
目的
目的
ボールで遊ぼう！
わー お花紙で作りたーい！
作ろー！
テレオノミー的主体性を発揮
目的から自分で選べる。
一斉保育
目的
もらったこの花を表現したいと思います。
絵の具で描く～！
折り紙で作る！
こんな抽象画もいいよね。
エイジェント的主体性を発揮
目的は決まっているが行動は選べる。

できないですよね。

つまり、一斉か自由かという形よりも、どちらであっても自己決定できるような「主体性」が認められているかどうか。そちらがポイントじゃないかなと。

主体性、ふたつの種類

遠藤　自己決定。そうですね。

ちょっと目先を変えてお話しさせていただくと、「エイジェンシー」という英語が主体性と訳されることがあります。その言葉に即していうと、主体性には2種類があると考えられているんです。

エイジェンシーというのは、お客さんの依頼を受けてそれを実行する会社・代理店の意味として、知られていますよね。その代理店は、依頼された目的の達成のために、通常、どういう方法をとってもかまわない。要するに、目的は決められているんだけれど、方法は主体的に選べる。

これを、エイジェント的主体性（行動選択主体性）と呼んでいます。

それに対して、テレオノミー的主体性（目的選択主体性）というのがあります（※）。これは生物学の用語で、目的も自分で選ぶという主体性のことです。

生活するうえで、私たちには、このふたつの主体性が必要になるんです。

※　テレオノミー：日本語訳は「目的論説」。teleo- は目的を表す。「テレオノミー的な主体性」は、社会学者の真木悠介氏の『自我の起源』（岩波書店）の中で定義した言葉。

――一斉でも自由でも育つ主体性

遠藤　たとえば、日常生活や仕事には目的がありますよね。その目的を達成するために、人は通常、自分の個性や適性に照らして「一番いいやり方」を選んで実行します。これが、エイジェント的主体性（行動選択主体性）を生かすシーン。

片や、「今日は何をしよう？」と考えるときには、目的自体から自分で選んでいます。こちらがテレオノミー的主体性（目的選択主体性）で活動するシーン。

これがそれぞれ、一斉保育と自由保育のどちらで育ちやすいかというと、

●行動を選択するエイジェント的主体性は、一斉保育。

●目的（園の場合は、主に遊び）から選択するテレオノミー的主体性は、自由保育。

ということになるかと思います。

そうやって考えると、一斉保育と自由保育では、違う種類の「主体性」が育ちやすくて、それぞれに意味があるのだということになりますね。

――必然性のある保育

遠藤　ただ、一斉保育で、「この目的を達成するために、こういう手順で、こうやってね」と、目的に至るルートまでがちがちに決めてしまうとどうなるか。これだと、行動の選択ができないので、エイジェント的主体性（行動選択主体性）が育たない可能性があります。

大豆生田先生が言われたように、どういう形態で行うかよりも、自己決定できる、主体性が生かせる保育かどうかが重要と思うんですが…。いかがでしょうか？

一斉保育も、クラスの誰かの興味を見込んで（例）

「一斉」に呼びかけるけれども、無理強いはしない。乳幼児期には、その子の「テレオノミー的主体性」をまず尊重したい。
できたらみんなの活動が見られる場所にいるようにすると、刺激を受けるかも。

私、この絵がおもしろいなーって思って。みんなもやってみる？
先生の主体性
Aちゃんたちはきっと興味を持ってくれる。そこから広がるといいな〜
と子どもの姿と照らす
え〜っ今はこっちをやりたーい
やってみるかな…
やる〜っ
子どもの主体性
子どもたちの主体性

大豆生田　おっしゃるとおりです。さらには、一斉のテーマを投げかけるときに、子どもにとっての必然性が必要なんだろうなと、うかがいながら思いました。

編集部　必然性というのは？

大豆生田　ひとつには、子どもの興味を考えるということですね。

活動の目的を与えるのが一斉保育だとすると、その目的が子どもの興味からはずれてしまっていたら、主体的にやろうという気持ちになれないですよね。

たとえば、「この前見てきた絵がおもしろかったから、これやってみない？」と一斉に投げかける。こんな保育ももちろんあっていいんです。ただその前に、「クラスの中に興味を持ってくれそうな子がいる？」と考える。こんなふうに目の前の子どもたちの姿から出発すると、それを行う必然性が生まれます。

でも、毎年「サツマイモの絵を描くことが決まっている」というだけでは子どもにとっての必然性があるとは言いがたい。

1日の流れの中の「必然性」というのもあります。唐突に引っぱらないようにするとか。

編集部　ああ、つい、小さい子だからわからないだろうと、「はい、今から○○するよ〜」って、急にみんなを集めてしまうような実践ですね。赤ちゃんであっても、「今日は○○しようね」と、前もって伝えてあげる。

反対に、そんなかかわりに変えることで、「ああ、子どもの主体性を大切にするって、こういうことなんだ！」と気づける場合もありそうです。

集団保育の中で、保育者の主体性をどう発揮する？

”大仕掛け“に影響しあう

編集部　ここで、一斉保育を「集団保育」という面からうかがいます。「園は、集団の場であるからこそ意義がある」というのは、もう自明の理のような気がしますが、先に出た倉橋惣三も、たしかそう言っていましたよね？

大豆生田　倉橋は、園という集団だからこそ、「子ども同士が相互に教育しあう」ということを書いています。家庭では、たいていその子の興味だけで遊びが完結してしまう。でも、園には絵が得意な子、運動が得意な子などがいて、それぞれに触発されて育つ、ということが起こりますから。

倉橋は「大仕掛け」という言葉を使っていますが、これは今でいう「プロジェクト活動」のイメージです。つまり、「子どもの興味や関心を生かしつつ、ひとつのテーマで進めていく活動」です。

大仕掛けな集団の活動は、クラス全体の活動としても展開されるし、小さな集団で自由遊びの中で起こることもある。こんなふうに、集団といっても、その規模はさまざまにあるわけですね。

親の影響より、友達の影響

編集部　遠藤先生、心理学の領域では、集団の育ちについての研究はありますか？

遠藤　集団、特に「ピアグループ」が、子どもの育ちに大きく影響を与えているという説がありま

子どもに影響を与えるのは？

す。「ピアグループ」というのは、同年代の似たような社会的境遇で育っている子の集団のこと。ピア（peer）は、仲間という意味です。

従来、子どもの性格形成に一番影響を与えているのは家庭内の環境、「親の育て方」だと考えられてきました。でも、ジュディス・リッチ・ハリスというアメリカの心理学者が、「親の影響については、育て方はほとんど関係なく、遺伝的な寄与のほうがはるかに大きい」と主張して、かなり物議を醸したんですよ（※）。

編集部　性格が親から遺伝する、親に似る、ということですか？

遠藤　そうです。もし、子どもが天真爛漫に育つとしたら、それは育て方より、「遺伝的要因による」と示す研究報告がたくさんある、というのです。ただ、逆の「親の育て方が影響する」という報告も多数あるので、ハリス氏のこの説には批判的な意見もたくさん出ています。

その一方で、ハリス氏のもうひとつの主張は、かなり多くの研究者が賛同しています。それが、今までほとんど目を向けてこなかった「家庭外の環境」、ピア（仲間）グループから、子どもは大きく影響を受けて育つという考え方です。

編集部　園のクラスも、ピアグループといえますか？

遠藤　そうですね。

※　親の影響：『子育ての大誤解──重要なのは親じゃない』著：ジュディス・リッチ・ハリス　（早川書房）参照。原書は1998年発行。

クラスでの同化と差異化を意識する、保育者のかかわり

＜同化＞　協同的な活動の機会をつくって、同化を促進。子どもが主体的に取り組める方法で。

＜差異化＞　違いに光を当てて、差異化を促進。違いが認められると、子どもは主体的になれる。

ほかのクラスより よかった!
集団で遊ぶチャンスを作る
造形展の恐竜 かっこよく できたね!
発展することも
みんなで決めて、絆が深まったな〜
折り紙の魔術師Aちゃん どうぞー♥
恐竜だよっ
すごーい!
集団内の一人ひとりに光を当てる機会を設定

集団内で起こる同化と差異化

遠藤　たとえば、子どもは「絵が上手だね」と仲間に期待されるような経験を通して、「仲間うちでの自分の強みや役割って何だろう?」と考え始めます。こうしてほかの子と異なる性格や能力を獲得していく。これをハリス氏は「差異化」と呼んでいます。

　それとともに、クラスのみんなで同じ活動をすると、互いに心を通わせ合ったり、連帯感や「自分はこのクラスのメンバーなんだ」という所属意識を得たりして、似たような性格（パーソナリティー）を持つようになっていく。ハリス氏は、それを「同化」と表現しています。

　差異化は個性化を、同化は子どもの社会化を進めます。これは、ピアグループの中だからこそ、起こっていくものなんですね。そして、そのピアグループに一番関与し得る大人が先生です。

　つまり園では、この同化と差異化をよりいい形で促していくカギを握っているのが、「保育者」ということになります。

保育者がチャンスをつくる

大豆生田　同化と差異化、そして、保育者がカギを握ってい

認知的徒弟制による大人のかかわり

By 認知学者、ジョン・S・ブラウン、アラン・コリンズら（アメリカ）

①モデリング
こうやって折るとできるんだヨ
オ〜
リスペクト
②コーチング
紙をこの向きで置くと折りやすいヨ
そうそう！

大人が折紙を折ってみせる

「こうやったらできるかも」を示す

る話、とても共感します。

たとえば、クラスミーティングで、「今日、○○ちゃんが、折り紙でおもしろいものを折ったんだよ。みんなに紹介して」と、それをお披露目してもらう。これは、その子が「差異化」される経験になります。力のある先生は、こんなふうにクラス一人ひとりの個性、特性を見極めて、際立たせるチャンスをつくっている。

そして、それを見て「いいな」と思った友達が真似したり、みんなでやってみようと広がったりして、それが「同化」のきっかけになる。

保育者は「ピア」とは違うかもしれないけれど、折り紙を折って見せて、憧れの対象になることで遊びが広がることもあります。

遠藤　その保育者に対する憧れや尊敬は、活動の動機づけに大きな役割を果たしますよね。

先生が何か折り紙を折って見せたりするのは、心理学では「モデリング」といったりするんですよ。そのモデルを見て、子どもは、すごいなあと憧れて、自分もやってみたい！　と挑戦しようとします。

そのときうまくできなければ、「こんなふうにすればできるかもよ」と子どもを「コーチ」する。

そして、子どもがコツをつかめてきたら、直接的に教える

③スキャフォールディング
次は自分でやってみる？見てるから
押さえておくね アイロンシューって

自力でできるようヒントを出す

④フェーディング
大丈夫そう…
アイロンシューって

遊びが動き出したら消える

のを少しずつ控えて、ちょっとヒントを出すだけにしていく。これはいわば、足場（スキャフォールド）を築いて、自力で登れるようにする「スキャフォールディング」です。

最後にはそこから大人が消えていく。つまり、「フェーディング」していきます。

これは、ロシアの心理学者、レフ・ヴィゴツキーの「発達の最近接領域論」（※）をもとに発展した、「認知的徒弟制」といわれる援助法です。

編集部　モデリング→コーチング→スキャフォールディング→フェーディング。先生が一斉で始めた活動が、徐々に自由な活動に移行する様子がイメージできますね。

―― "特別にできることがない"子？

大豆生田　ちなみに本来、折り紙は大勢の一斉指導には向いていないんです。折り紙などに必要な器用さは、発達のばらつきが大きくて個別のサポートが必要なので。そういう遊びはやはり、コーナーなどで個々が選択できるような活動として提供するのが妥当だと思ってます。

編集部　その発達のばらつきについて、先ほど差異化のところで「子どもの得意なことに光を当てる」という話がありました。ただシビアな話、「特に得意なことのない子がいて…」

※　発達の最近接領域：発達的にまだひとりではできないが、援助があればできそうな活動の領域のこと。この領域での過不足のない援助のことを「スキャフォールディング」（足場かけ）と呼ぶ。

という声をたまに聞くのですが。

大豆生田　保育者のみなさんには、「どんな小さなことでも、子どもの得意なことを意識して見つけて」と思うんですよ。

それでもたしかに、自分はどうせ何をやってもできない、と思う子はいます。そういう子にこそ、個別対応で、小さな成功体験をたくさんさせてあげたい。ひとつのことを乗り越えられたらやっぱりうれしいし、自信になっていくはずです。

――「保育者の黒子論」の限界

遠藤　人との比較ではなく、その子の時間の中での比較を意識する、ということですよね。昨日より今日はちょっとここができたというのを見つけて、そこをちゃんと評価する。そういう積み重ねが、私もすごく大事だと思います。

大豆生田　かつて保育者は「黒子（黒衣）であるべき」といわれる時代もありました。それは、保育者は表に出ないで陰で支える存在という意味です。それが大切な場面もありますが、黒子論には限界があるんです。

ひとりの子に光を当てて差異化したり、ブームにして同化を進めたり、モデルになったり、個別にサポートしたり、保育者の意見を伝えたり、今それを「主体的に意識して」やっていくことが求められているんだと思います。

編集部　実際、保育って、それだけの役回りを意識的にこなす、とてもスキルを要する仕事ですよね。子どもを中心に考えるのは絶対的としても、自分たちの行う保育においては「私たちが主役だ」くらいのプライドを持つほうが、共主体的な保育になっていくような気がします。

【コミック】共主体的な学びって何？

子どもと共主体的に学び合うっていうけど…。

あ、テントウムシだね。

あっ
ぼくらには子どもに伝えられることがたくさんあるよ。でもぼくらは子どもから何を学んでるの？

？

保育者は、子どもから、特に「その子そのもの」を学ぶんだよ。

よく発見したね。Jくんは虫に興味があるのかな？でもちょっと怖いのかな？

これが大人にとっての気づき＝学びのひとつ！

その子の能力や興味を知らないと、支援できない。子ども「理解」は学びなんだね。
①その子の発見する力や虫への興味などを学んだ
③虫への興味がUPしたと気づく
②散歩で意識的に生き物に出会う機会をつくろう！（計画）
「学び」とは、情報を得て、今後の活動に生かせる糧にすること。

そうか。この子のことは目の前のこの子からしか学べないんだ。

既存の知識や、技術の習得だけが、学びじゃないんだね。

次ページへ

※デジタル機器も、使い方によってはアリ。

第3部

保育アップデート！
「共主体の保育」
領域ごとの
理論と実践のコーナー

領域ごとの理論と実践のコーナー１

「自然環境教育」
自然との共主体的な関係づくり

子どもたちがこの先、
健やかに生きていくために
「自然の生態系保全が欠かせない」のは誰しもが認めるところ。
では、そのために、子どもたちには何を、どのように伝えたらいい？
理解しやすく整理された吉田順子先生の考え方と、
「ビオトープづくり」の実践例をお届けします。

「自然環境教育」理論編

「ここの環境は誰のためのもの？」で考える

吉田順子先生

自然環境教育家。日本初の環境教育の専門学校（静岡県・現在常葉大学に統合）の第１期生。園や学校などで自然環境教育のアドバイスを行っているビオトープ管理士。

自然環境教育を阻むもの

編集部　今、ＳＤＧｓ（※）という言葉が、保育の世界でも聞かれるようになりました。その目標の中には、自然環境の保護も含まれています。

吉田先生、自然環境教育の実践は広がってきていますか？

吉田　残念ながら、何十年も変わっていない気がします。これは園に限ったことではないんですが。

運営者から「ビオトープをつくってほしい」という依頼があっても、現場の先生方には歓迎されないということもありました。「子どもが汚れる」「虫が苦手」「庭に草むらができると、子どもに目が届かなくなる」などの理由で。

保護者からの評判は決して悪くないんです。自然とのかかわりを重視している園では、入園希望者が増えているようですし。

大豆生田　教育学者のフレーベルも倉橋惣三も、雑草の茂る場所を大事にしようって言ってたんですけどね。ぼくも、園庭に雑草が生える場所があると、そこに生き物が集まってきて、保育が変わると思っています。

吉田　そう。その雑草の生えるような場所がまさに「ビオトープ」なんですよ。でも、まずそこを誤解している方が多くて。世間の理解が進んでいないなと感じています。

※　SDGs：「持続可能な開発目標」のことで、2015年に国連が打ち出した2030年までの達成目標。人権問題、経済の問題、環境問題など、17の項目がある。

ビオトープ＝命の循環の体験場（地球環境のミニモデルとして）

＜池はなくてもOK＞
・えさや肥料、水も与えない。
・無用なそうじをしない。
・陸地も水中も起伏などをつけて、多くの生物が潜めるようにする。
地域にある林、生物を入れる。
水は流れを作ると淀みにくい。
・園庭がなければプランターで代用。
P.96参照
あみ
けんきゅうじょう
SDGsのマークでアピール
遺棄物と見せないために「研究場」の看板を。記録も掲示できればベター。

ビオトープの本当の意味

編集部　「ビオトープ＝人がつくった池のある環境」というイメージですが、違うのですか？

吉田　ビオトープの本来の意味は、生態学的にいうと、「生物共同体の生育地」のことなんです。食べたり食べられたりしながら、多様な生物の命が複雑に絡み合って、次の世代に回っていく――そういう場所のことなんですね。

実際、池があれば水辺の生き物の種類が加わるので、より複雑で強固な生態系になります。でも、池がない森だって、生物が共生してますよね？　だから森や林、原っぱも「ビオトープ」なんです。

そのような自然のビオトープがあって、それに近づけた環境を園庭などにつくりましょう、というのが、ビオトープ活動の主旨なんですよ。

生き物は捕まえていいの？

大豆生田　つまり、人間のためではなく、主に生物のためにつくられた場所、ですね。

吉田　はい。そこが花壇などと決定的に違います。花壇は、人の癒やしがその主な目的です（※）。でもビオトープは、「人

※　園内ではビオトープと花壇を分けるほか、「癒やしのための花壇」と「遊びのために、むしったりできる花壇」に分けて管理するのがおすすめ。大人世界（社会）のルールを学ぶことと、子ども世界の遊びの保障を同時に実現させる。

園内ビオトープづくりに必要なものを自然から学ぶ

情報のインプット
ヤゴが草に登ってる!
トンボになるのかな?
草がないと困っちゃうね。
イラスト・吉田順子
●ヤゴは草に登って羽化する。
→水の上に出る草が必要だね!
●水中の葉や石に隠れて獲物を捕ったり、敵から身を守っている。
→葉や石が必要だね!
自然環境が命の循環に必要なのだと気づくように伝える。
ビオトープでの再現で、知識としてアウトプット!

間を含めた生物が生きるための場所」。

人も、ビオトープで遊んでかまいません。「生物の命のサイクルを壊さないという約束を守りさえすれば」、そこで草花を摘んだり、虫などを捕まえてもいいんですよ。

大豆生田　生き物を捕まえていいかどうかは、園によって考え方が二極化しているように感じています。教育的な意図をもって捕まえることを許す園と、命の大切さを優先して止める園と。

吉田　私の場合は、「命が巡るかどうか」をポイントに考えます。

たとえば、バッタがたくさんいる野原では、何人かの子どもが少々捕ったところで環境への影響はほとんどないので、そこでは捕ってもいい。でも、狭いビオトープで5人の子が10匹ずつ捕ったら、ダメージが大きいですよね。

そこで子どもたちには、「それだとバッタがいなくなって、卵が産めないね。そしたら、来年はバッタがいなくなっちゃうよね。それに、カナヘビは、バッタを食べるんだよ。えさのバッタがいなくなったら、カナヘビもおなかがすいて死んじゃうかも」などと説明します。

中には、「捕って殺してしまう」ことを経験しないと理解できない子もいますが、たいていはこの説明でどうしたらいいかを考えます。

人間がコントロールする
人間主体の自然の場
花壇・畑では…

- 害虫駆除の方法を伝える。
- 人工物の利用は自由。
- 枯れたものなど処分可能。
- 「食育」目的で作物を作り、人間が全部食べてもよい。

花壇や畑に生えた雑草は抜いてもいい。でも、捨てないで！土に埋めれば、枯れ葉よりも栄養価の高い、肥やしになります。それも命の循環です。

〝命の循環を壊さない〟を伝える

編集部　なるほど、環境の大きさと、捕まえるバッタの数を比較して、どうしたらいいか考えるようにするんですね。そして、「バッタがかわいそう」ではなく、未来のバッタ、さらにはほかの生物の命までなくなる可能性も伝える、と。

吉田　はい。自然環境教育の最終的な目標は、「持続可能な自然環境を守ること」です。ビオトープをつくるのは、失われたビオトープを再現することだけが目的ではありません。教育施設のビオトープは、「命のサイクルを壊してはいけない」ことを伝えていく場でもあるんです。

そして、それが共主体のビオトープ活動において、先生方の最大の役割だと考えています。

自然の中で遊んでも、それだけでは自然を大事にする子は育たないんです。だって、里山で育っても、地面をアスファルトで固めたり土管工事をしたり、不便なところをどんどん作り替える人がいるでしょう？

「自然は命がつながっていく大事な場所だよ」とはっきり教えない限り、人は気がつかないんですよね。

園庭がない園は？

ふたつの自然を分けることで混乱を回避

人間がコントロールしない
生物たち（生態系）主体の自然の場
ビオトープでは…

- 「嫌な虫にも、役割がある」と伝える。
- 虫かご、シャベルなどの人工物は極力持ち込まない。
- 枯れたものなどは、掃除しない。朽ち果てて循環するのを待つ。
- 「植物の種・実は食べてもいいけど、ほかの生物にも残してあげよう」

こっちが手薄すぎる現状。バランスをとって実践を！

掃除すると見えない生き物も捨てちゃうから
分けて対応！
にげろ～

大豆生田　ビオトープをつくるにしても、園庭がない園も多いですよね。地域で土地を借りられないのかな。

吉田　よほどの信頼関係があれば可能かもしれません。園でなら、プランターをフェンスなどにくっつけておき、背の高い草やフェンスに這《は》う草を植える方法がおすすめです。縦に環境を整えるんですね。「とまり木」になるフェンスがあると、虫を求めて鳥も来やすくなるんですよ。

　そういう場所は、「コリドー」になり得ます。コリドーというのは、生き物が生息している自然豊かな場所と場所をつなぐ、中継地のこと。コリドーが点々とできると、実際に地域の生物が増えていくんです。園のみなさんにも、ぜひ作っていただきたいなあ。

編集部　花壇ではダメなのですね。

吉田　花壇や畑では、「害虫」と見なされる虫がいます。そこは花や作物を守るために、虫を駆除してもいい場所です。

――誰のための環境かを意識して

吉田　一方で、ビオトープ（コリドー）には、「害虫」と見なされる虫はいません。たしかに、ひどく生態系を脅かす生物が繁殖したときには、天敵を入れたり、人為的に排除することもありますが、通常は極力、人間はコントロールしないんです。園でつくる場合も同じです。

大豆生田　コントロールといえば、畑の大根や芋掘りなども、自然体験として実践されますけど、抜きやすくされていたりしますよね（笑）。

吉田　それもよくありますね（笑）。

そもそも、ビオトープと花壇・畑は目的が違うと、はっきり伝えておいたほうがいいです。そうでないと、子どもが混乱します。「なんであそこの虫は逃がして、こっちのは殺すの？」みたいに。花壇・畑は人間のための場所。ビオトープはほかの生物のための場所でもあるんだよと伝えます。

編集部　そのほうが先生たちも悩まなくてすみそうですね。

――発達支援から始まる自然環境教育

吉田　最後に、園の先生方にお願いがあります。

乳幼児期の自然環境教育では、一人ひとりの子どもの体の発達段階を、必ず見極めてほしいということ。まだ自分の体を使いこなせない子に、不釣り合いな自然体験の機会を与えようとすると、自然がつらい場所になってしまいます。5歳になっても花の香りがかげない子がいますが、そういうのを、見抜いてほしい。そういう意味で私は、自然環境教育の始まりは、「子どもの感覚器官や運動機能の発達支援から」だと思っています。

大豆生田　おっしゃるとおりですね。お話を聞いて改めて実感したのは、保育では「子ども主体」とはいわれるけれど、「生き物主体」という視点をほとんど持ってこなかったということ。生き物も含めた「共主体」を、これからはしっかり意識していかないといけないですね。

編集部　はい。感受性豊かな乳幼児時期だからこそ、真の自然と心を通わす体験を、と思います。

「自然環境教育」実践編

ホンモノのビオトープをつくろう!

取材協力 **追分幼稚園**（静岡・浜松市）

ビオトープづくりを始めた日の様子をお伝えします。

事前の学びや専門家の知恵を借りてトライ!

自然環境教育を前進させるために、ビオトープづくりを計画した追分幼稚園。初めての経験で、ビオトープづくりには専門的知識も必要なため、外部講師として吉田順子先生も参加しました。

共主体の実践としては、事前に園の先生たちがレクチャーを十分に受け、子どもとも方向性を協議して進めるのが理想。今回は法人の「モデル導入」ということで、活動を開始しました。

今回つくったのは、水場のないビオトープ。完成後、そこがひとつの居場所になった子もいたそうです。

ビオトープ完成予想図

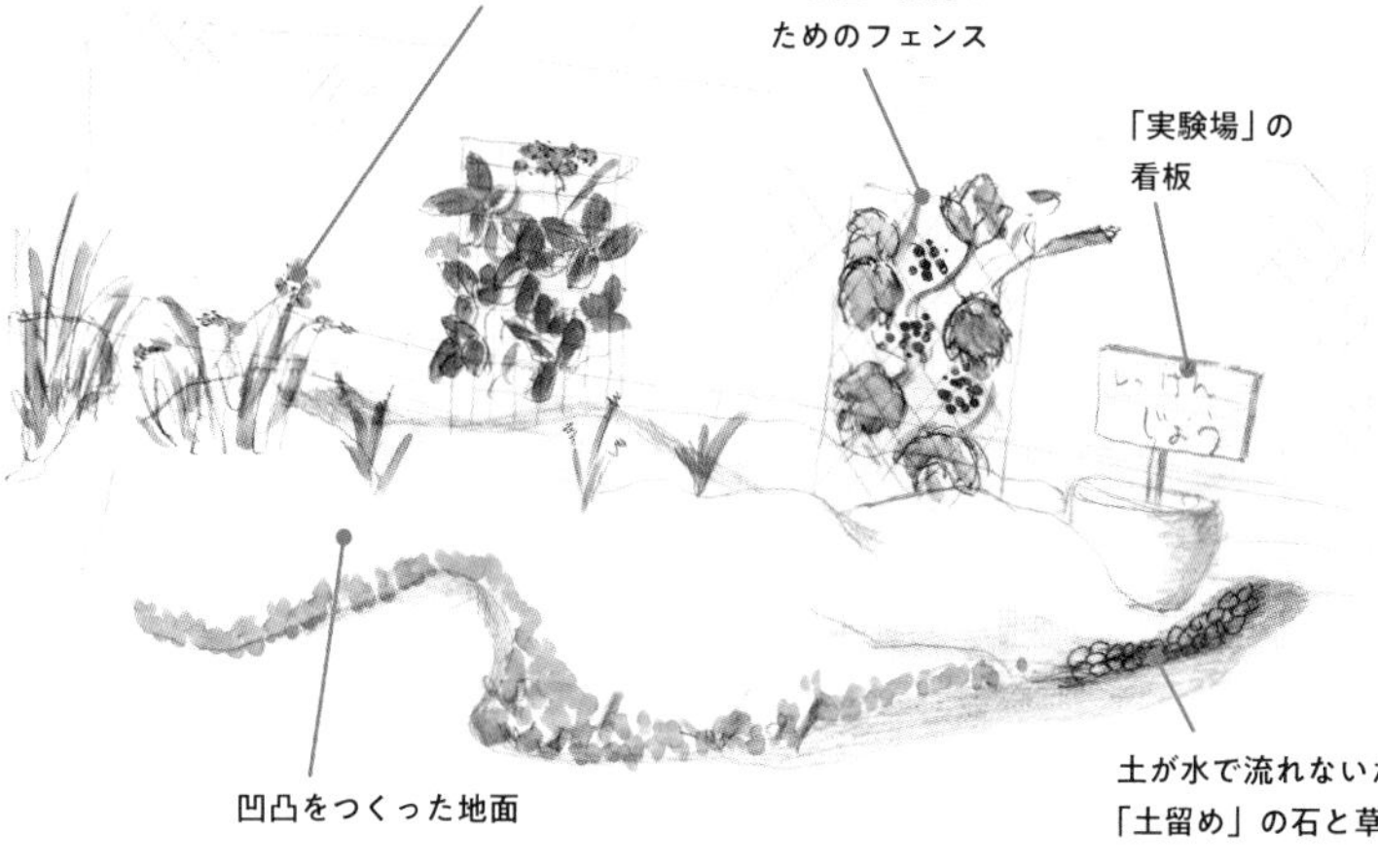
移植した野草
つる性の植物のためのフェンス
「実験場」の看板
凹凸をつくった地面
土が水で流れないための「土留め」の石と草

吉田先生が作成。子どもにもわかるよう具体的に描かれています。

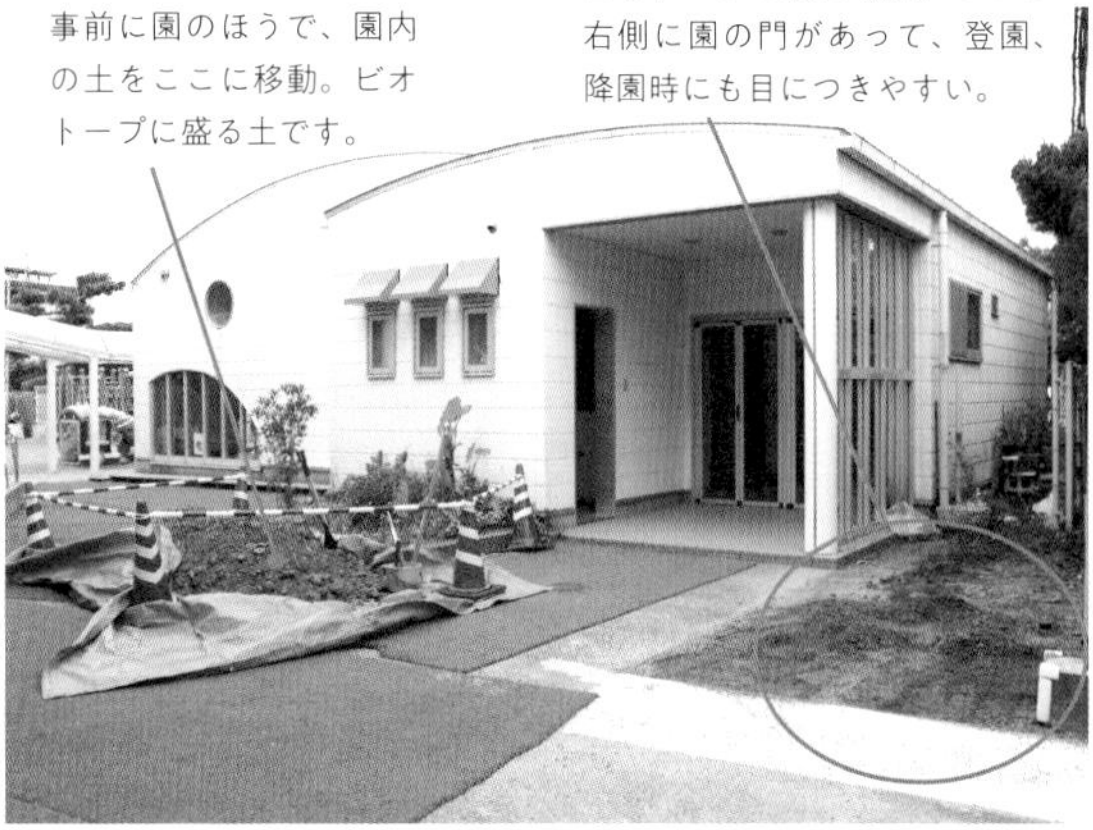
事前に園のほうで、園内の土をここに移動。ビオトープに盛る土です。
ビオトープの設置場所。ここの右側に園の門があって、登園、降園時にも目につきやすい。

このようなスペースがない場合は、プランターでも可能（P.96 参照）。

この日、自発的に50人ほどの年少～年長児が参加しました。

ビオトープ・共主体的保育のワザ

【　】内の項目は、先生たちがどうかかわったかを示しています。
これをすべて、先生の「主体的かかわり」ととらえます。

【1. 子どもや家庭を上手に巻き込む】

家庭にビオトープづくりのことを知らせ、「土留めに使う、石か野草を持ってきて」と全園児に伝えました。

朝、集まった石や草を、自発的に仕分けている年長児。（撮影・吉田先生）

根をティッシュで巻き、水で濡らして、ビニールに入れてきてもらいます（選ぶのは、繁殖力の強くない草、園芸種でない種類がおすすめ）。

【2. 大人が動き、モデルを示す】

当日の8時すぎ、子どもが来園し始めたら活動を開始。

何してるの？
ぼくもやりたい。

草の根が張りやすいよう、土台を耕す吉田先生。ほどなく、登園してきた子どもが、「自分もやりたい！」と参加し始めました。それに誘われて、参加する子どもが少しずつ、増えていきます。

【3. 興味を持った子を誘う】

吉田先生は、「やるよー、集まってー！」という声かけはしません。

草を植えるの？
何が来てくれると思う？
手伝ってくれる？

子どもが扱いやすいように、土をほぐしたりしながら、興味を持ってきた子に「一緒にやる？」などと誘います。数人の子が動き出したら、その場所は子どもに任せていました。

【4. 必要に応じ、個別にかかわる】

吉田先生は全体を見回し、フォローが必要な子に対し、個別に支援します。

大きなシャベルを使ってみたいTさん。「危ないから、人の頭より高くシャベルの先を上げないよ」と伝えた吉田先生。「気をつけて、危ないよ」などの抽象的な指示で、活動を萎縮させないようにしています。

【5.「最大目的」を見失わない】

ビオトープは、自然環境を理解するための場所。大人が場づくりに没頭しすぎて、その目的を見失わないよう心がけます。

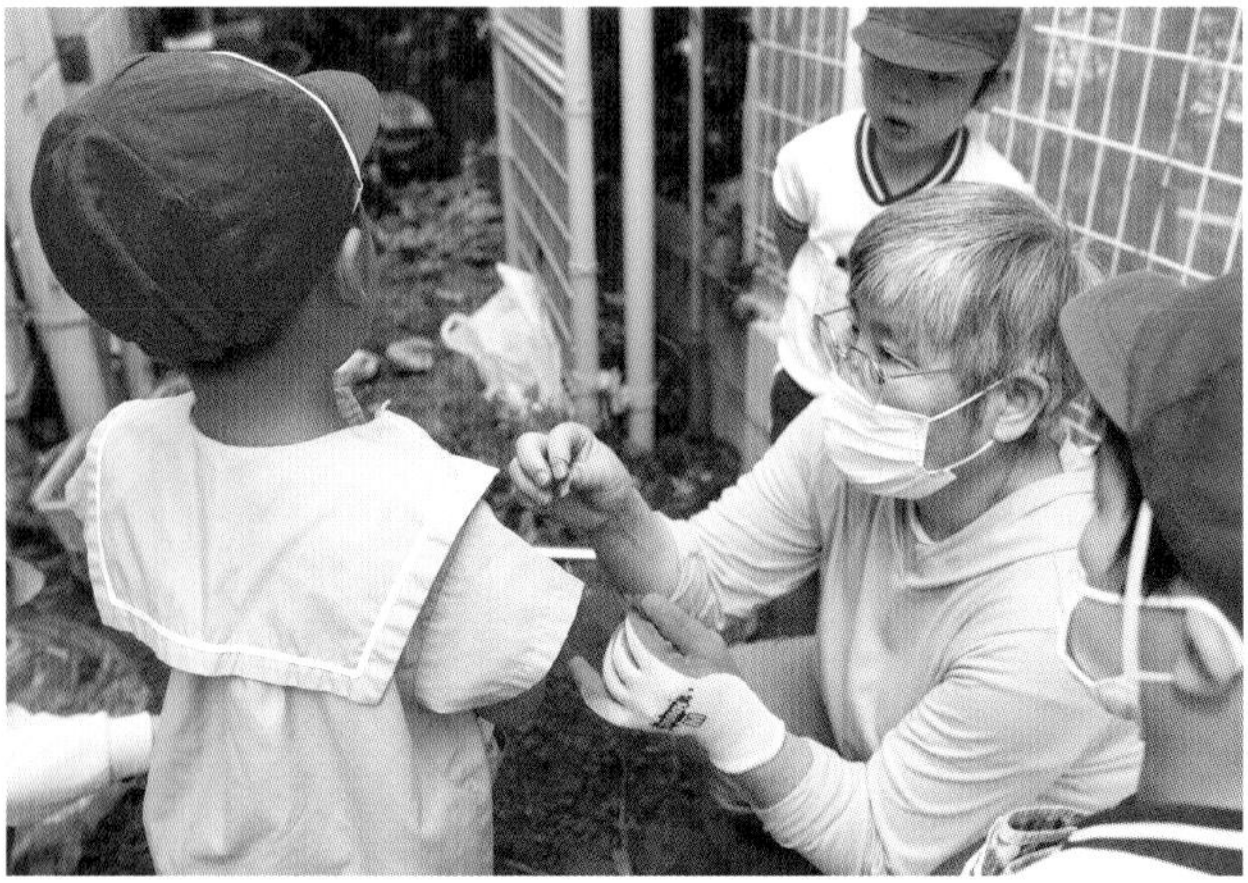

活動中、子どもがドクダミに興味を示しました。すかさず「これはね、こうやってこするとにおいが…」と植物の遊びに誘います。これがこの活動の最重要ポイント。
また、子どもが興味を持ったものには、質問をして、子どもの推論を引き出すこともします。「その推論を大人がおもしろがってほしい」と吉田先生。

【6.子どもの教え合う力に期待する】

完成予想図（P.91 参照）を貼って、その場にいる子どもに説明。一度説明すると、子ども同士の間で広まります。

この絵のような生き物の
居場所を作るんだよ。

説明しているのは、田村都弥園長。前もって全員に伝えるのもいいですが、乳幼児期ならこういう方法も「あり」です。「今、石に水をかけると滑って危ないよ」という注意も、子どもたちの間で自然に共有されていました。

【7. 脱線の遊びを楽しんでもいい】

「石はここに置いて、このへんは地面を少し高くするよ」と説明を受けた子どもたち。

そのとおりに進めることを楽しむ子もいれば、少々脱線する子も。それでも、非難はしません。

指定の場所に石を並べる女の子（左の写真）がいる一方、一部の男の子は、山を作り、さらには水をかけて遊び始めました（上の写真）。危険がない以外は、それも経験として受け入れます。

【8. 気持ちを汲《く》み取って見守る】

作業をすればケガをすることも。でも、ケガ、即応急措置というものでもありません。状況と子どもの気持ちを汲んで、対応を決めます。

手にすり傷ができましたが、そのことを大人に告げに来ませんでした。吉田先生は、「手当てのために、この場を離れたくないのだ」と推察。小さな傷だったので、「見守る」ことにしました。

【9.「納得するまでやりたい」を応援】

気持ちの切り替えがつくまで、作業を続けていた子どもたちがいました。乳幼児期にはこの納得感を保障したい。これが「集中力・粘り強さ」の源になります。何を優先するか、考えどころ。

10時半。教育時間のカリキュラムが始まりましたが、「まだやりたい」という年長組の3人。この中のひとりが「そろそろ行こう」と言ったのをきっかけに、クラスに戻っていきました。

【10. 専門的技術に触れる機会を】

「きっとできないからやらせない」ではなく、挑戦のチャンスを。

午後のバス待ちの時間、竹のフェンスを麻縄で組みます。難しい専門的な結び方にも、チャレンジ（ゆるい部分はあとで大人が調整）。

数日後の場面

竹のフェンスと、年中児のＡさんが書いた看板をすえつけました。看板の文字は水濡れ・光退色に強い墨を使用。植物が根づくまでは水やりをします。

「ビオトープに園庭で見つけた虫を放つ様子も見られ、その命の存在にも気づき始めています。何気ない自然物にも、子どもは反応できます。それに対し、〝虫なんか〟というような否定的な態度だけは控えてくださいね」（吉田先生。撮影も）

プランターの場合

枯れることを計算に入れ、多めに植えます。種を土にこぼしても OK。あとは自然繁殖のままにします。左のバケツぐらいのビオトープならときどき水やりを。

バケツなら、底に穴あけを。コンクリートの上に置く場合、コンクリートにも 100 円玉大の穴をドリルでいくつかあけ、地面から生物が上がってくるようにするのがベター。地面と命がつながるように。

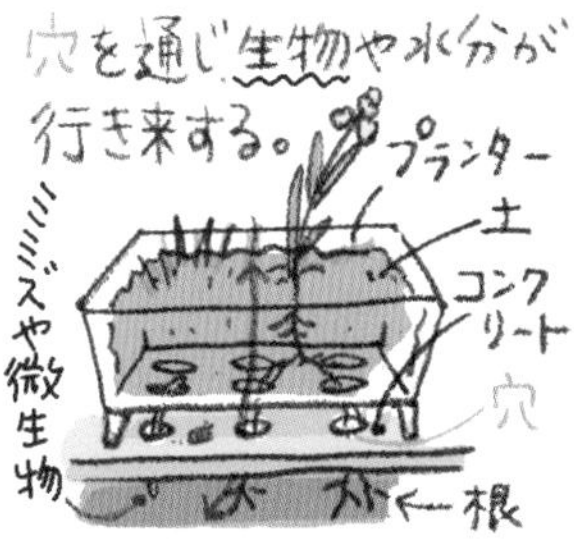
穴を通じ生物や水分が
行き来する。
プランター
土
コンクリート
穴
ミミズや微生物
根

自然環境教育の3つのパターン

♣先生の主な主体的かかわり・役割　♣子どもにとってのメリット

ケースなどでの飼育観察

♣先生 飼育ケースなどを用意する。
♣子ども 室内で、いつでも詳しく観察できる。捕食される不安がなく、特定の生物の知識を深めやすい。

おなかは
こうなってるんだ

屋外での生物とその生活圏の観察

地域内観察

♣先生 子どもたちを引率。
♣子ども 地域のさまざまな環境と生物を観察できる。地域の人たちの〝無粋〟な手入れや駆除も経験する。

あっ
クモの巣が
なくなってる
クモは
どうした
の？

ビオトープ観察

♣先生 ビオトープを子どもたちと作る。
♣子ども 環境づくりにかかわることで、場への愛着が生まれる。地域の人の手入れや駆除の心配がなく、引率も不要で、いつでも観察可能。

居場所が
増えて
よかった
ねー

食べたり食べられたり
する命の循環（未来に
続く生態系）について
伝えやすいのは
こっちね

実践のレビュー with 大豆生田先生

大豆生田：命が巡る生態系がある場所が、園内に生まれるって、いいですね。しかも、興味ある子どもが、ゆるやかに参加していくことで、その輪が広がっていました。

H保育者：吉田先生は、「もしビオトープがつくれなくても、散歩で草や虫は見つけられるから」と励ましてくれました。

大豆生田：たしかに、子どもは目線が低いこともあって、いろいろ見つけるのがうまい。

H保育者：羽虫１匹の発見でも、一緒に驚いて、質問して、子どもの推論や物語をおもしろがる。それが自然環境教育になるんですね。

「音楽教育」

「表現させる」よりも大切なこと

園での音楽活動は、 大人主導で子どもを引っぱりがちな領域です。

逆に、 音楽教育としてはほとんど

関与していないケースも少なくありません。

「乳幼児期の音楽教育の意義って何だろう?」

「バランスのいい共主体で進めるとしたら、 どんな方法がある?」

音楽活動の価値を問い直す吉永早苗先生のお話と、

ユニークな音楽会の実践にご注目ください。

主体的に
表現しようと
する子どもたち
演奏もして
みたーい
私も
歌い
たーい
いい曲
だった
ね～
使わない
自由も
あるよ
あなたの
心の動きを
表わすために
使っていいヨ
新聞
先生が主体的に設定した鳴り物たち(物的主体)

「音楽教育」理論編

音を感じてイメージする力=「音感受」を育てよう

吉永早苗先生
東京家政学院大学教授。乳幼児期の音楽教育が専門。主に音の感受性に関する研究を進める。著書に『「音」からひろがる子どもの世界』(ぎょうせい)など。

「音感受」覚えてね。

――乳幼児期は「音感《おんかん》」より「音感受《おとかんじゅ》」

大豆生田　保育では「子どもと保育者」はともに学び合う共主体であり、モノなどの「環境」も、学びを刺激する「主体」。そう考えたとき、音楽や音環境も、保育の大切な共主体のパートナーなんですよね。

吉永　音楽教育と聞くと、たいてい、ピアノが弾けるとか音程をとって歌えるとか、「技術を身につけるためのもの」と思われがちなんです。そこで私は、「音感受」という言葉をつくってみました。

音の高さなどを認知する「音感」とは違い、「音感受」は簡単に言うと、「音を感じ取って、イメージする力」のこと。乳幼児期には、「音感」より「音感受」を育てることが先と考えています。

ある園の話なのですが、パラパラと雨の降る中、ひとりの女の子が園庭に立ち、雨音に気がついたんです。そして、「レインコートに落ちる音と、手のひらに落ちる音と、水たまりに落ちる音は全部違うんだよ」と園長先生に伝えたのですって。その話をうかがったとき、私は鳥肌が立つくらい感動しました。

――音に気づき、印象を呼び戻す

大豆生田　すてきな話ですね。まず、雨の中で感じることを先生が許しているからこそ、その経験ができたわけですね。

子どもの世界を理解して共有

部屋に戻ってー!!
共主体としての先生の役割(例)
すてき〜♡
経験を保障する
子どもの心に共感する
その心の動きを表現する機会を子どもに用意
いろんな音がするよ
経験を共有し一緒に学ぶ!
先生の知識の偏りや、人手不足などによって子どもは「経験」すら剥奪されてしまうリスクあり。

吉永　はい。そして、その子の感じている世界を、先生が共有できていることもまた、素晴らしいなあと思いました。

実はそんなふうに、繊細に音に気づけると、そのときの印象をあとで呼び戻せるんです。どう音が聞こえていたか、そのときの視覚的にどう見えていたか、肌感覚としてどんなだったのか、それを思い出せる。

そのとき、その印象を思い出しつつ「あめふりくまのこ」を歌うと、音楽に乗せてゆったりやさしく表現します。これが音感受の一連の働きです。心が感じていれば、この歌を勢いよく大声で歌ったりしないはずなんですよね。

――もっと即興の音遊びを

吉永　今の保育指針・幼稚園教育要領の5領域「表現」には、「風の音や雨の音（中略）などに気付くようにする」とあります。でも、単に「気づけばいい」わけではないんです。

気づいた音を、どうその子自身の表現につなげていくか。そこが先生には求められていて、共主体として、最も重要な点じゃないかと感じています。

編集部　雨を感じたと思ったらその経験を先生が拾って、関連した歌を歌ってみるとか。

吉永　楽器で再現してみるのもおもしろいですよ。民族楽器

幼児期の音楽活動で育てたいのは何？

心の中に
「曲」がイメージ
できてる？
小学校で困るし、
発表会でも使うから
「鍵盤ハーモニカ」で
きらきら星を練習しよう。
この指導で育つ
のは何だろう？
1の指でド、
青色のシールの
ところね
そもそもこの曲に、
この楽器は
合ってる？
子どもの心は
動いてる？

も含め、いろんな鳴り物を用意しておいて、「どんな音だった？」というように。これは即興性の音遊びです。もちろん、声でもいいんです。サラサラとか、サーサーとか。そんな擬音語を使って、即興の歌をつくってもいい。

大豆生田　即興――そこは忘れかけていました。ぼくも現役時代、ピコピコドーンとか、音をつくって子どもと遊んでいました（笑）。0～2歳児との遊びでも、相手が出した声や音に、音やリズムで応答することができますよね。

吉永　この即興遊び、音楽（特にピアノ）を学んできた人の多くは、難しいと感じることがあるんです。「楽譜がないとできない」とか、「それは音楽とは言わない」と言われたこともあります。楽器の持ち方や鳴らし方を先に学ぶと、その使い方しかできなくなるように思います。

――表現したいから楽器を使う

吉永　赤ちゃんにタンバリンを渡すと、なめたり、触ったり、振ったりするでしょう？　そのとき音が出て、子どもは音を発見する。そして、「ああ、これはこういう〝楽器〟なんだ」とわかっていく。

そんなふうに音と出会うと、自分のうれしい気持ち、怒った気持ちをその楽器で表せるようになると思うんです。

子どもスタートの音楽活動導入例

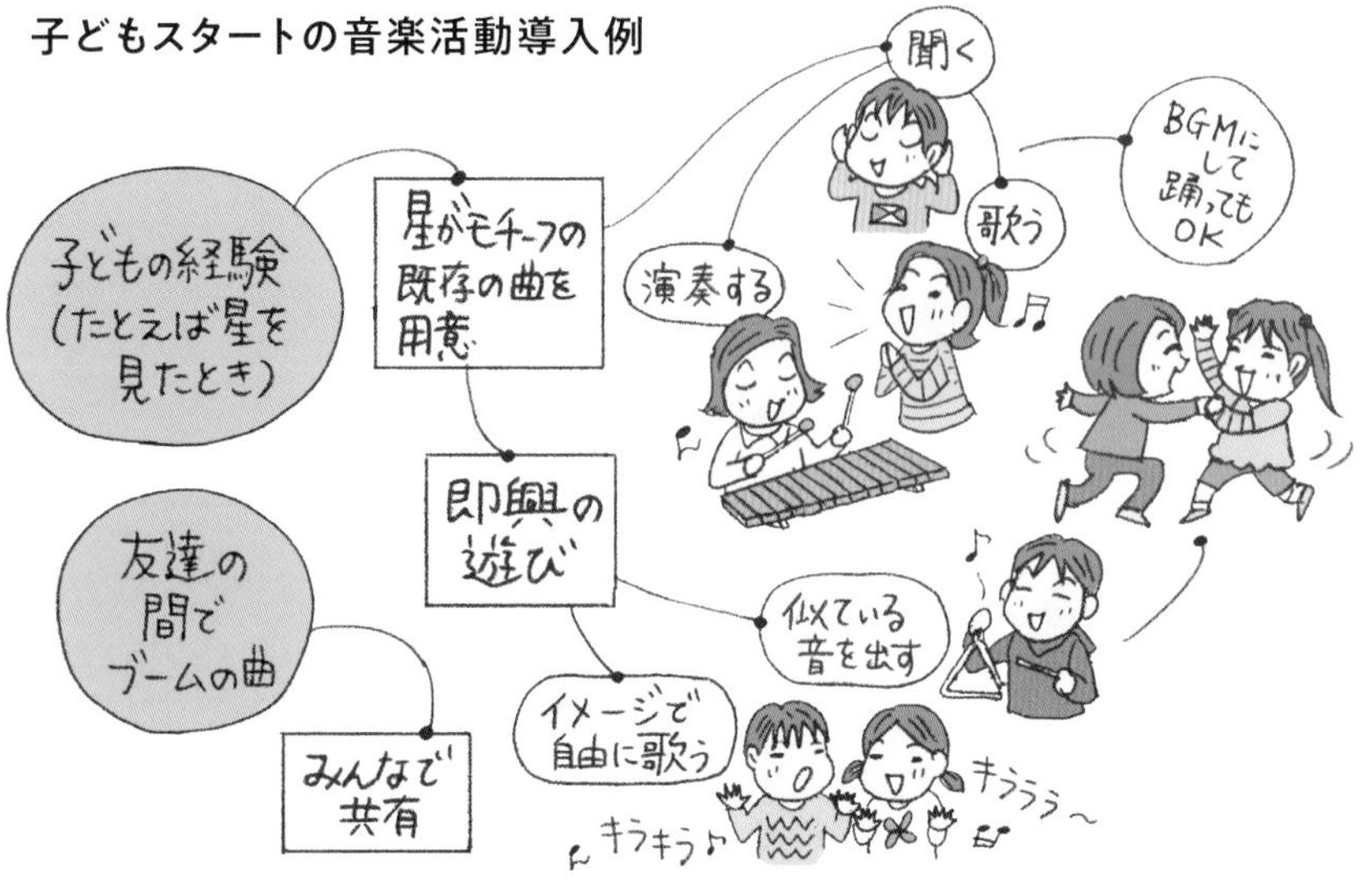

「楽しい気持ちはこのように演奏します」ではなくて、「私は楽しい気持ちを、この楽器で表したい」。楽器は本来、そんなふうに使うものだと思うんですよ。

大豆生田　ああ、そうすると、世の中は逆に教えてることになりますね。

　ぼくが保育の音楽でいつも感じているのは、「ピアノ至上主義」の問題です。もういい加減、ピアノで子どもを一斉に動かし、管理する保育から脱却してほしいですね。さらに、子どもにも「何歳だからこの楽器を教えよう。小学校に行ったら困る」という発想で教えてしまうのは違う気がします。

吉永　小学校教師も、かえってやりづらいんです。1年生の音楽科では、「初めてその楽器に触れる」ことを前提に、授業をスタートしますから。

――忍耐力育成のための音楽って…

吉永　ひとつ、年齢に合わせた楽器選びでいうと、合奏目的で幼児期に「鍵盤ハーモニカ」を使うのはやめたほうがいいと思っています。吹きながら指を動かすのは高度な技術で、幼児には合っていないんです。「ブーブー♪　車の音だよ」などと、遊びで音を出すのはいいですが。

編集部　特に乳幼児期には、子どもに「表現させる音楽活動」

大人スタートの音楽活動導入例

を避けるとすると、公に発表することを目的とした音楽会には再考が必要になりますね。

吉永　息子が通っていた園では、マーチングバンドに取り組んでいたのですが、園から帰ってくると、「○○ちゃんが〝できてない〟って叱られた」などと苦しそうに訴えていました。あるとき、ある園で、なぜそれをやっているのか聞いてみたら、「忍耐力を育てるため」と言われました（笑）。

大豆生田　それは、大人が押しつける「忍耐」ですよね。そんな忍耐力、ぼくはまったく必要ないと思ってます。自分でやりたいから頑張ろうという忍耐力は必要だとしても。

編集部　押しつけの忍耐と主体的な忍耐は、別ということ。

吉永　たしかに、合奏で人と音を合わせる楽しさはあると思うんですよ。たとえば、ベルなどの楽器を用意するとき、どのように音を重ねても音が濁らない「ペンタトニック」（※）を選ぶこともあります。

――もっと「音・声」を聞く取り組みを

編集部　実際、ほかの人と自分の音がきれいに揃うと、うれしいですよね。

吉永　ええ。だから、自由に音を出していいけれど、「ほかの人の音をよく聞いてね」と伝えます。聞き合っていると、「こ

※　ペンタトニック：たとえば、「ドレミファソラシド」のファとシを除いたような5音。ペンタは5、トニックは音の意。

幼児期の音楽活動で育てたいのはこれ!

こで鳴らすのがいい!」というタイミングがわかってくる。それで音が合うと、互いの心に響きます。

大豆生田　「人の音を聞く」。これも重要なキーワードです。まず、自分の出したい音を探して出し、その次の段階で、人の音を聞いて自発的に揃えていくということになりそうです。

吉永　よく「大きな声で歌って」という指導があるでしょう。あれも人の声を聞くことは考えていないんです。そもそも、保育ではあまり「音を聞く」という経験をさせていないですよね。それをもっと、遊びの中に取り込めるといいんですが。

――感性の育ちで得られるものは?

編集部　根本的な質問なのですが、音楽によって感性が育つと、どんなプラスがあるとお考えですか?

吉永　それによって新しいひらめきが生まれます。つまり、感性は知性を刺激するもの、もしくは知性そのものかな。

大豆生田　ぼくはもっとシンプルに、小さなことに心を動かせること自体が、幸せなんじゃないかと思っています。感性が育って、「すごい」と感動できることが増えると、今が充実し、未来にもつながるのだろうって。

編集部　実践者の中に、そういう「音や音楽の力」を知る人がもっと増えていくといいですね。

「音楽教育」実践編

「音感受」に響く発表会へ！

取材協力 **津田このみ学園**（兵庫・姫路市）

左から3~5歳児「はと組」担任・山下奈々先生、井上裕子園長、三輪由香里主幹保育教諭、廣岡彩指導保育教諭。3~5歳児の異年齢保育を実施（取材当時。写真は園からの提供）。

子ども不在のイベントにしたくなくて音楽会を「音を楽しむ会」に変えました。

運動会に続き音楽会も改革

大人が用意した楽譜で子どもが練習して、保護者が見る音楽会。

これが、以前の津田このみ学園の音楽行事スタイルでした。運動会も似たり寄ったり。

でも、「子どもが中心の行事に変えていきたい」という思いから、改革に着手しました。

２０１７年度に、まず、運動会（9月）を子どもの企画・運用に変更。続いて、音楽会（11月）も、子ども中心の活動へと方針を転換させました。

子どもたちの主体的な活動を、先生方が主体的にサポートする形へ。

その音楽行事改革のプロセスを、アドバイザーとしてかかわった吉永早苗先生の振り返りとともに、見ていきたいと思います。

一斉指導で合奏をしていた2016年度までの音楽会の様子。保護者からの期待と、先生たちの「育ちの節目」という意識から、毎年、運動会・音楽会を行ってきました。2017年以降も、改革は続行中。

注：「この一斉でやる合奏のやり方が楽しい！」とみんなが判断し、合意できれば、それでもOKなんです。それも子どもの主体性の尊重です（一斉が悪いわけではなく、子どもの気持ちと進め方の問題）。この一斉の形で3歳未満児からやっている園があるようですが、その年齢で子どもは判断できるのかな？どうぞ慎重に。

音を楽しむ会・共主体的保育のワザ

【1.「子どもが中心」に向けた会議】

「子ども中心の保育に向けて、カリキュラムを見直す」。園全体でこのテーマを掲げ、その話し合いからスタートしました。9月の運動会の改革が成功し、次は「音楽会」へ。

楽器（鳴り物）を作って
遊んできたから、
その流れで
音楽会ができないかな。
保護者の期待にも
応えつつ、日々の
保育の中にある育ちを
見てほしいですね。

【2.子どもの興味を拾い、環境構成を】

運動会で使ったダンボールを置いておくと、子どもたちが手でたたいて遊び始めました。たたく位置やたたき方で音が違うと気づいた子がいたので、「たたくものを変えたら？」と、バチを用意してみました。

パンパンパン♪
たたく道具でも
音が変わるな。
ドンドンドン♪

作ったバチは2種類。割り箸にテープを巻いたものと、布を丸くつけたもの。
「この音の即興的遊びは“前音楽的表現”といえるもの。先生たちはその遊びを広げる機会を逃しませんでしたね」と吉永先生。
子どもたちはいろんなものをたたいては、新しい音を探し始めました。

3. 親の理解のために通信を発行

この「道具を使った音遊び」は、棒でたたいて音探しをする遊びに発展。ただ、「家であちこちをたたく」子が出てきたことを知り、先生はお便りでその理由を詳細に伝えていくことに。

たたき方で違う音になるな。

屋外でも、たたいたり、つついたりしてその音の違いを楽しんでいます。

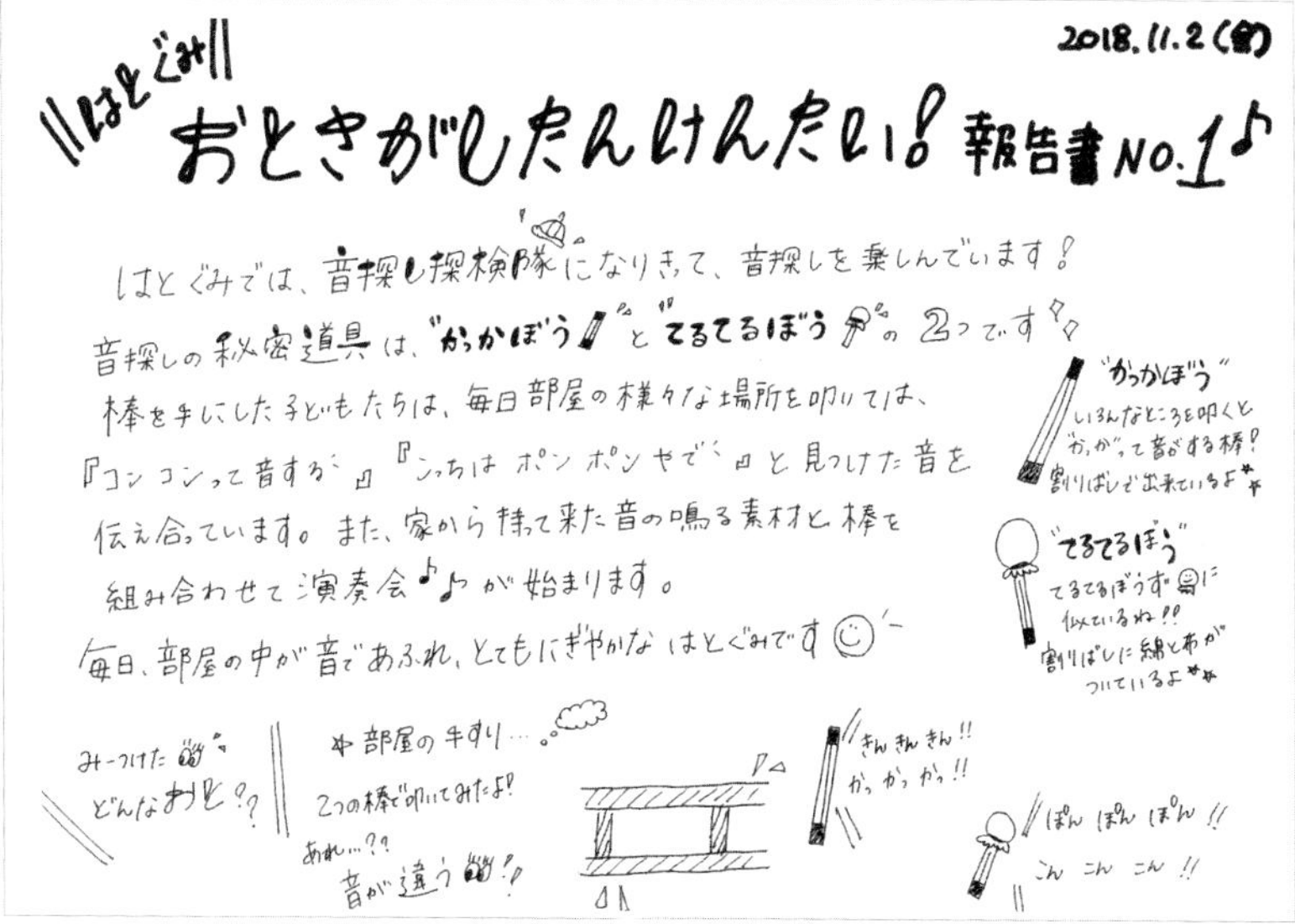

2018.11.2（金）

||はとぐみ|| おとさがしたんけんたい！報告書NO.1♪

はとぐみでは、音探し探検隊になりきって、音探しを楽しんでいます！

音探しの秘密道具は、"かっかぼう"と"てるてるぼう"の2つです♪

棒を手にした子どもたちは、毎日部屋の様々な場所を叩いては、『コンコンって音するで』『こっちはポンポンやで』と見つけた音を伝え合っています。また、家から持って来た音の鳴る素材と棒を組み合わせて演奏会♪♪が始まります。

毎日、部屋の中が音であふれ、とてもにぎやかなはとぐみです☺

"かっかぼう"
いろんなところを叩くと"かっかっ"て音がする棒！
割りばしで出来ているよ☆

"てるてるぼう"
てるてるぼうずに似ているね!!
割りばしに綿と布がついているよ☆

みーつけた どんなおと？？

☆部屋の手すり…
2つの棒で叩いてみたよ！

あれ…？？

音が違う！？


きんきんきん!!

かっかっかっ!!


ぽんぽんぽん!!

こんこんこん!!

4. 活動を共有する時間をつくる

異年齢保育の3～5歳児クラスでは、朝30分と午後2時半から15分ほどの集まりの時間を設けています。ここで、自分が発見した音をみんなにシェア。

「耳に当てて聞くと、音が違うんだよ」（3歳児Sくん）。みな、自分の発見を伝えたくてうずうず。はじめはうまく伝えられなかった3歳児も、先輩の助けを得たりしながら、少しずつ参加し始めます。

【5. 子どもに「記録づけ」を示唆】

「たくさんの音を見つけたね。それを忘れんようにするにはどうする？」と山下先生。子どもたちは以前、生き物調べをしたときに「文字で記録し、表を作った」ことを思い出しました。「文字って便利だね」を、遊びの中で少しずつ獲得していきます。

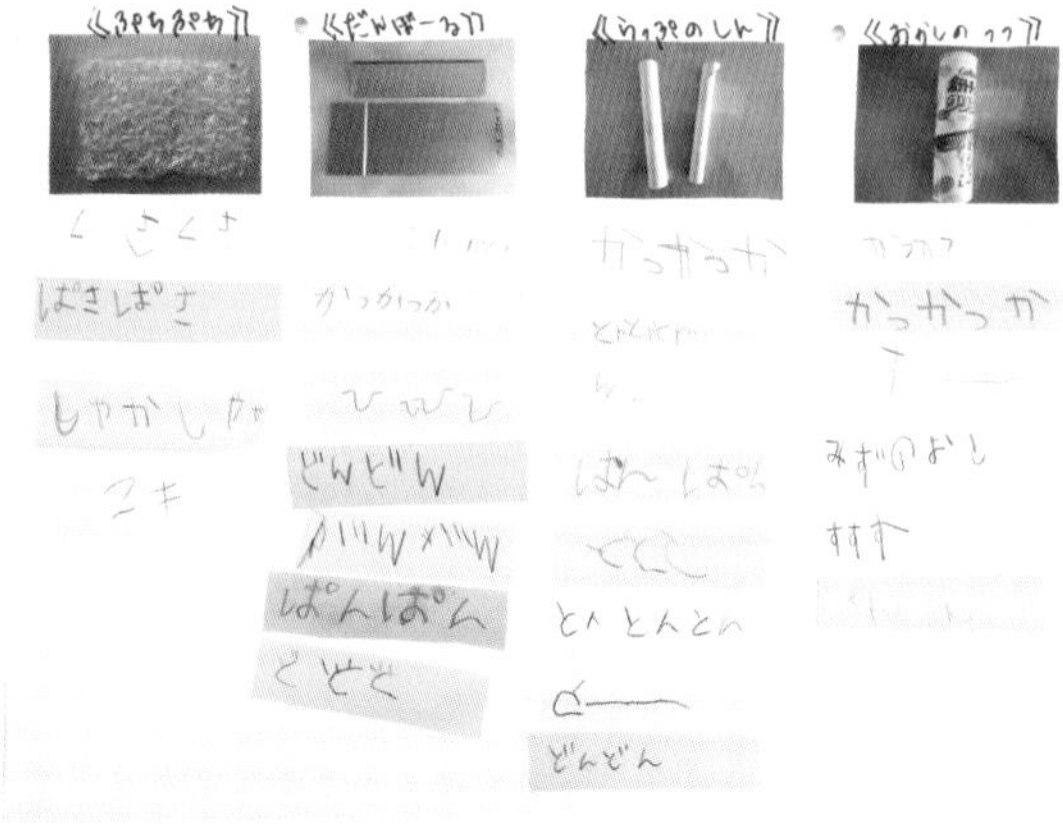

文字が書ける子に頼んで記録。同じ「ぷちぷち・だんぼーる・らっぷのしん・おかしのつつ」という素材でも、鳴らし方、感じ方で異なるオノマトペ（※）になることがわかりました。

【6. タイミングよく絵本を生かす】

先生は、子どもたちがオノマトペを楽しむ様子を見て、「発表会」へ集約していくヒントとして、絵本を紹介しました。活動が進む中で、先生たちはこの絵本に出会っています。

（洗顔）
ぴちゃら、ぱちゃら、ぷるぷるぷる…

『ぼくのいちにち どんなおと？』文：山下洋輔　絵：むろ まいこ（福音館書店）は、主人公の男の子が起きてから寝るまでに聞いた音を、独特なオノマトペで表した本。

「宮沢賢治も、『どんぐりと山猫』の中で、“白いきのこが、どってこどってこどってこと、変な楽隊を…”などと書いています。こうした“言葉のプロの表現”に触れることからも、子どもは感性を広げていくんですよ」（吉永先生）

「この本のような1日の音集めをやって、発表会にしては?」。そんなアイデアが芽生えた先生たちは、実はこの本を紹介するタイミングを見計らっていたのです。

絵本を読み上げると、本の中のユニークな表現を口々に真似し、みな盛り上がりました。

※　オノマトペ：ぱさぱさ、しゃかしゃかなどの擬音語、擬態語。

【7. 行事を子どもとの合意で決定】

オノマトペの楽しさが共有されたので、「1日の音集めと、身近なものでその音を再現する“音を楽しむ会”の開催」を先生が提案、子どもたちも乗ってくれたそうです。目標は、「5つのチームにわかれて、11月の発表会までに音作りを完成すること」。活動期間中、先生たちは進行が心配なチームに声をかけたり、アドバイスをする程度。スケジュール管理も基本、子どもたちが行いました。

みんなで決めた「おへや・おそと・さんぽ・よる・あさ」の5つのチームで、それぞれの音を集めます。

夜の音チーム

自由遊びの時間に、グループごとに年長がリーダーになってテーブルを囲んでいるところ。まず、「どんな音がある?」と、意見を出し合っています。

活動の進め方　<例>朝の音チーム

1 **朝の音をグループで書き出す**

・ごはんの音　・鳥の声　・窓を閉める音　など

↓

2 **それぞれの音をオノマトペで表現し記録**

【鳥の声】
・チュンチュン　・コケコッコー　など

↓

3 **自分が再現したい音を決めて、再現できる道具、方法を探す**

【コケコッコー】
紙製のカップを棒でリズムをつけてたたく。

音の探求中

ペットボトルにドングリを入れて、雨粒の音をつくっているKさん（左・3歳児）。
「音をよく聞き、感じ取って、工夫しながら表現する。まさに音感受の体験です」（吉永先生）

【8. ファシリテートは大人の出番】

日常の集まりで、音集めの進捗《しんちょく》状況を発表します。会の進行は先生が主導。Rさん（5歳児）が粉ふるいをプラスチックでこすって音を立てると「耳を澄ませて。何の音やと思う？」。先生は耳に手を当て、音に集中するポーズをつくってみせました。

「ジーッ」て聞こえた。
「シャーッ」て音がした。

プラスチックでこする音は、「朝のカーテンを開ける音」でした。クイズ形式で、つくった音をみんなに当ててもらう趣向です。このとき、進行がゆっくりだったチームは、ほかのチームを見て「自分たちも頑張ろう」と思ったようです。

【9. リハーサルなしの発表会】

いよいよ保護者を招いた「音を楽しむ会」の日。日々、集まりの中で発表しているので、リハーサルなく本番に臨みました。下の写真は、プラスチック容器の中におはじきなどを入れて振り、朝の口ゆすぎの音を再現しているYさん（4歳児）です。

「グチュグチュペッ」の音です。

通常の音楽会と違って、この会には「失敗」というものがありません。純粋に子どもと楽しさを分かち合うためもの。一人ひとりのペースで会が進みます。園の改革の一環であることを知っている保護者からも、ネガティブな意見はなかったそうです。

【10. 遊びの波及・展開を期待する】

翌年には、動物園への遠足前に動物調べが始まりました。
「オオカミの鳴き声は“ほう～”だよ」などの意見が出ると、動物の鳴き声や動きをオノマトペにし、モノで表現する遊びが再燃。保育者は「今年はどんな音に興味を持つかな？」と期待をもって見守ります。

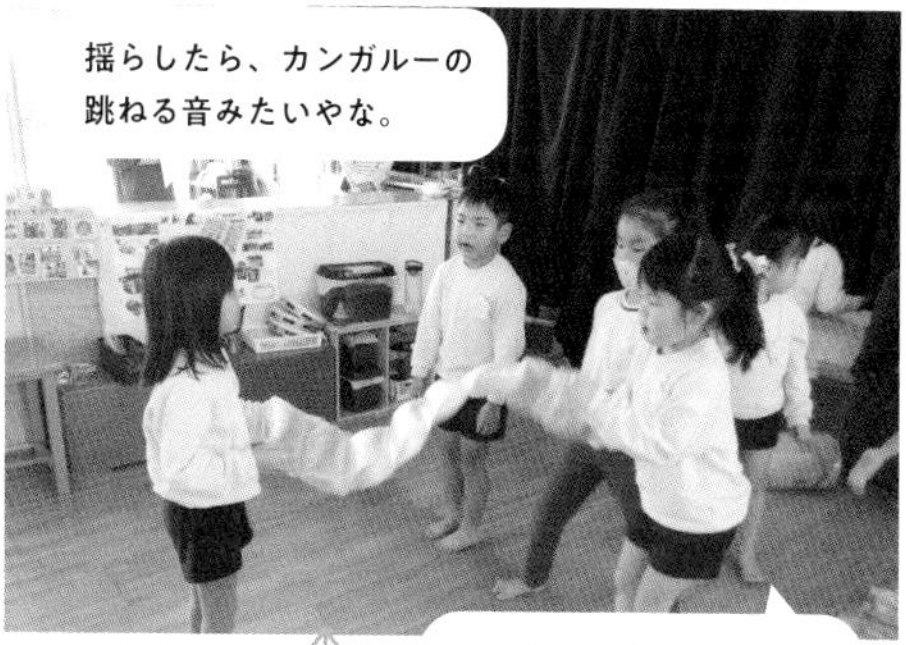
揺らしたら、カンガルーの跳ねる音みたいやな。
もっと、こうしたほうが、いいんじゃない？

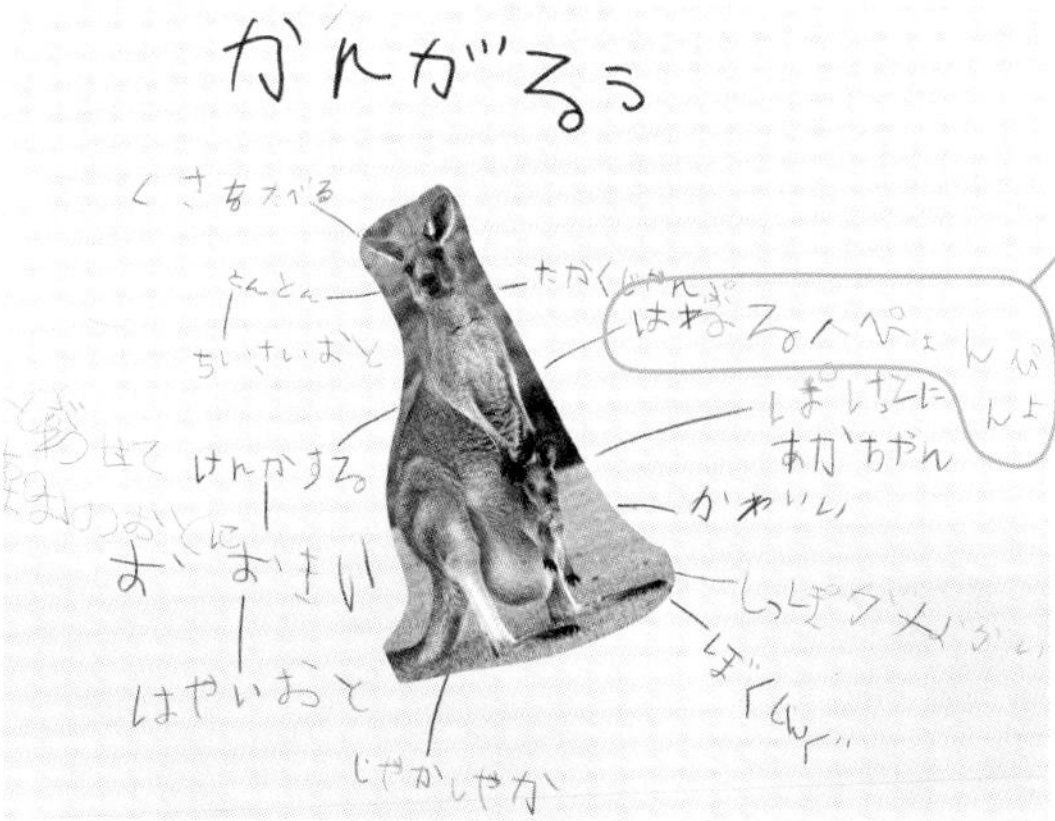
かんがるう
くさをたべる
とんとん
ちいさいおと
たかくじゃんぷ
はねるぴょんぴょん
ぽけっとにあかちゃん
けんかする
おおきい
かわいい
はやいおと
じゃかじゃか

<カンガルーについての調べ学習メモ>
「はねる　ぴょんぴょん」とメモされています。これが「音探し」の活動に展開しました。

保育者は、ひとつの活動を「そのとき限り」とか、「音楽なら音楽活動の範囲内で」など、「ぶつ切り」で考えません。「ここからどう展開する?」「ほかの活動にどうつながる?」と考えながら、次の保育計画のヒントを探します。

実践のレビュー with 大豆生田先生

大豆生田：**音をじっくりと感じ、親しみ、探求し、共有する時間の大切さを感じさせられる実践です。先生主導で合奏を行う音楽会とはまったく別物ですね。**

H保育者：**この「音を楽しむ会」の形式は、一人ひとりに光が当たるから、案外、保護者もそのほうがうれしいかもしれないです。**

大豆生田：**学びの内容も違います。「音を楽しむ会」はプロセスに「子どもの発見」がありました。**

I保育者：**音の再現遊びは、物理の実験のような活動でした。あ、音って、たしかに物理現象だし。**

大豆生田：**子どもの力をわかっていてこその取り組みでしょう。行事は、「子どもが中心」で検討が進むといいですね。**

領域ごとの理論と実践のコーナー3

「身体活動」

脳を含めた体の成長が、すべての資本！

子どもの体の異変を心配する声を、たびたび耳にします。

子ども理解は、子どもの「心」だけを対象としない。

「体」の読み取りも含むのだ、ととらえ直しができたらと思います。

「子どものからだと心」の研究を、

長年、第一線で行ってきた野井真吾先生のお話と、

研究対象園の「じゃれつき遊び」の実践を掲載します。

「身体運動」理論編

ワクワクドキドキする遊びが脳の前頭葉を育てる

野井真吾先生

日本体育大学教授。子どものからだと心・連絡会議議長。主な著書に『子どもの“からだと心”クライシス』（かもがわ出版）など多数。

「グリーンタイム」をたっぷり！

園の先生たちの実感は正しかった

編集部　野井先生は、過去と現在のデータを比較して、子どもの体の調査をされていますよね。やはり今の子は、全般的に健康状態や体力が落ちてきているのでしょうか？

野井　それが実は、健康診断で低下しているのは視力だけなんです。視力低下の原因は明らかで、スクリーンタイムが増えたためです。

体力のほうも、体力・運動能力調査のトータルで見る限り、むしろこの20年間、増加傾向なんですよ。

にもかかわらず、多くの先生たちは「（悪いほうに）変わっている気がする」とおっしゃる。「朝起きられず、夜寝られない。すぐに“疲れた、だるい”って言う子が増えた」など、そういう話が、聞き取りであがってくるんですよ。特に、月曜日の朝に元気がないと。

そこで、子どもたちの唾液を集めて、メラトニンというホルモンを調べてみました。

大豆生田　メラトニンというと、眠りに関係するホルモンですね。

野井　はい。メラトニンが多いと、眠くなります。結果としては、先生たちの実感どおり、休日明けのメラトニンが平日より多かった。「現場の先生たちの実感ってすごいなあ！」と、改めて思いました。

このほかの調査でも、以前に比べ、前頭葉や自律神経に発達の遅れや問題が見られました。要するに、健康診断でわかる「疾患」や、体力・運動能力調査で測る「行動体力」（次ページの図参照）に問題体力の３つの側面――問題なのは…

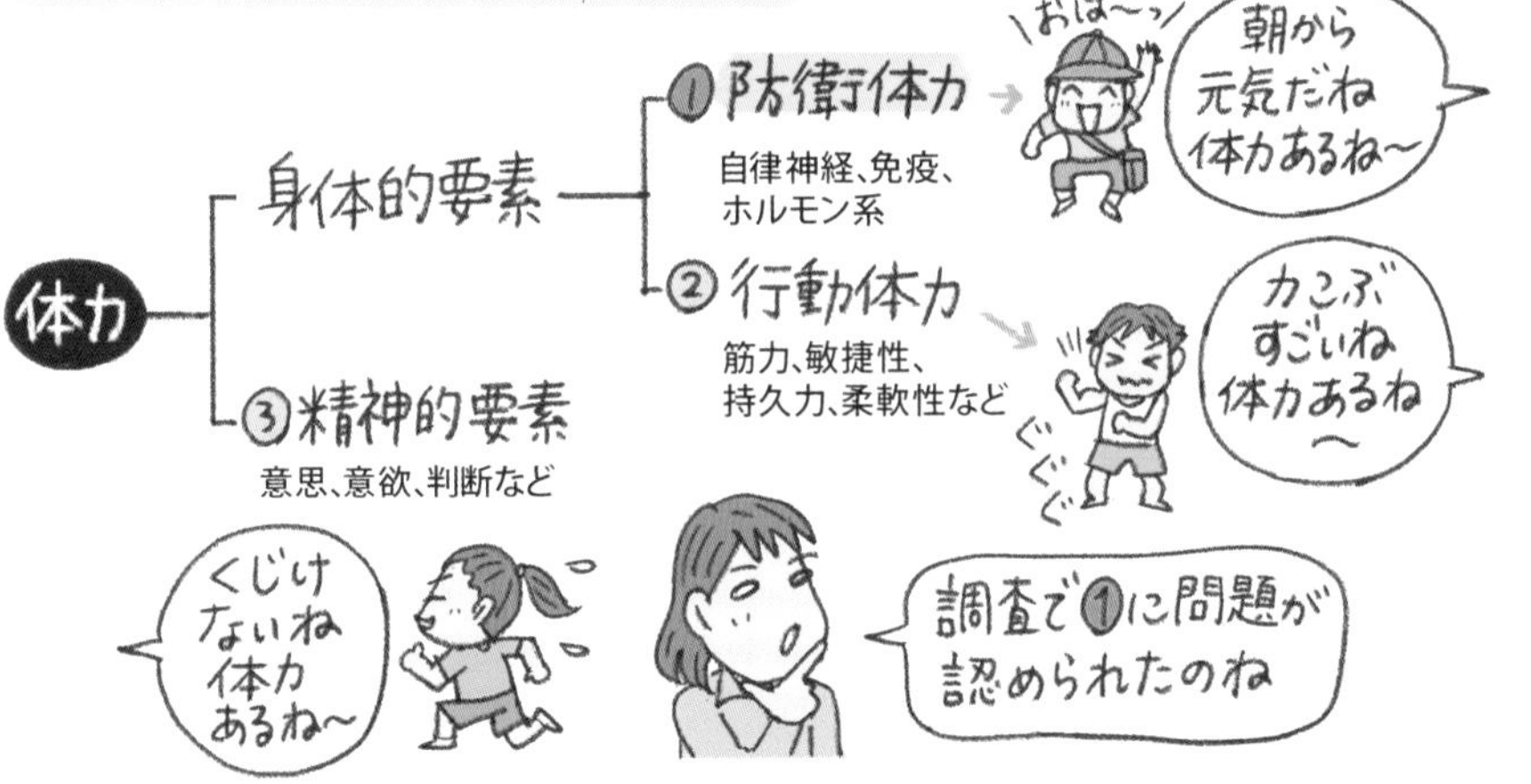
体力
身体的要素
①防衛体力
自律神経、免疫、ホルモン系
②行動体力
筋力、敏捷性、持久力、柔軟性など
③精神的要素
意思、意欲、判断など
おは～っ
朝から元気だね体力あるね～
力こぶすごいね体力あるね～
ぐぐぐ
くじけないね体力あるね～
調査で①に問題が認められたのね

参考 : Noi, S. (2007) The structure of a causal relationship among people's feeling on "Physical Fitness" of children of children

があるのではなく、ホルモン、自律神経といった「防衛体力」にあるようなんです。

――発達を阻害する日本の現状

下記論文が読めます。

編集部　それは日本特有なんですか？

野井　国連子どもの権利委員会が、各国からの報告書を審査して出した意見書があります。その中で日本は――子どもが、【社会の競争的な性質により子ども時代と発達が害されることなく、子どもがその子ども時代を享受することを確保するための措置を取ること】――こんなシビアな勧告を出されています（※）。

「子ども時代」と「発達」が阻害なんて書かれたのは日本だけなんですよ。ここでいう「子ども時代」は、おそらく「豊かに遊んだり、ぐうたらする」ことだと考えられます。

編集部　そういう子ども時代を取り戻すための措置をとりなさい、という勧告なんですね。それで、乳幼児期の育ちに対して、具体的にどんな措置をとったらいいんでしょう？

野井　遊びでいうと、「ワクワクドキドキ」できる遊びですね。研究でわかっていることですが、「ワクワクドキドキ」が脳の前頭葉を育てるんです。

その「ワクワクドキドキ」は、発達に即した「ワクワクド

※　出典：『子どもの“からだと心”クライシス』著：野井真吾　（かもがわ出版）、
論文『国連子どもの権利委員会の「最終所見」にみる日本の子どもの健康課題の特徴』著：野井真吾

キドキ」です。赤ちゃんなら、「高い高い」とか、少し大きくなればおままごとや、砂遊びとか。

――スポーツ系の遊びは幼児に合わない

大豆生田　鬼ごっこのような伝承遊びなどもありそうですね。
野井　そのとおりです。伝承遊びは子どもの中でつくられてきた、子どものための遊びなんですよね。だから、ルールも子どもの発達に沿っている。

ところが、大人は自分が「ワクワクドキドキ」するからって、子どもにもサッカーなどスポーツ系の運動をさせたがったりする。でも、サッカーでは、オフサイドになってピーって笛を吹かれたら強制的に、脳の興奮が冷まされます。そして、再開して興奮、ピーでまた冷める。これだと、興奮と抑制の切り替え機能が未発達の子どもは、ワクワクドキドキが持続しない。

大人は通常、鬼ごっことかしないですよね？　それはそれらの遊びが大人の発達段階に合っていないから。それと同じで、大人のためのスポーツは、子どもの発達には合ってないって思っています。
編集部　なるほど。もし、共主体として大人が遊びを仕掛けるなら、伝承遊びのほうがいいということですね。

――お泊まり会の有効性

野井　環境に、仕掛けをしておくのもいいと思います。地面に「ケンパ」の○を描いておいたり、上からボールをぶら下げておくだけでも、子どもは勝手に「ケンパ」を始めたり、ジャンプしてたたいたりするでしょう。
大豆生田　遊べる環境が設定されていることが、重要だということですよね。

共主体で行う「ワクワクドキドキ」の活動的な遊び

野井　私も痛感しています。なぜそう思ったかというと――これは小学生の調査ですが――長期キャンプという「遊べる環境」に子どもを連れ出すと、不登校気味だった子も普通に動き始めるし、友達との交流も始めるんです。その置かれている状況に、適応しようとするんでしょうね。

さらにキャンプでは、そういう精神的な効果だけでなく、午前中、低体温でぼ～っとしがちな子どもたちの体温が、起床時から高めになっていくんです。これも、キャンプで早寝早起きになることで、朝から動きやすいように、体が適応したためだと考えられます。

編集部　園でもお泊まり保育をしているところがありますが、1日でも意味はあるでしょうか。

野井　ぼくはあると思います。外泊のイベントでは早寝早起きになることがわかっているから、保護者はその1週間前くらいから、早寝早起きを心がけるようになるんですよ。その間だけでも、メラトニンの分泌や体温が生活時間に即したものに近づくわけですから。

――光・暗闇・外遊びのすすめ

大豆生田　お泊まり保育は、保育園より幼稚園で取り入れているところが多いですね。その期間中、子どもたちが活動的で、

スクリーンタイムとグリーンタイム

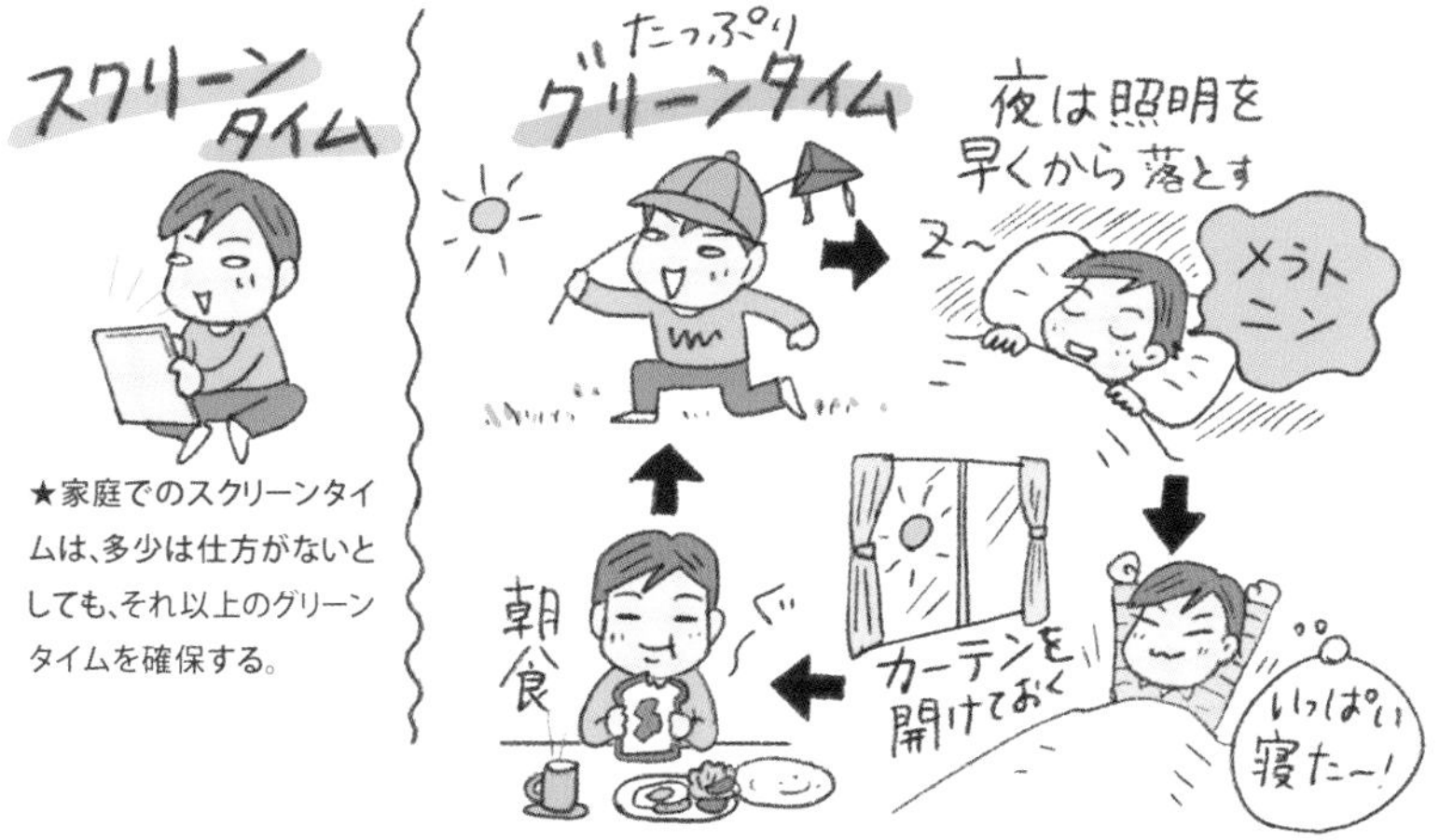

★家庭でのスクリーンタイムは、多少は仕方がないとしても、それ以上のグリーンタイムを確保する。

体調がよかったことを積極的に保護者に伝えられると、いいかもしれません。

野井　保護者へ生活改善を促すために、かつて「早寝・早起き・朝ごはん」という標語がつくられましたよね？　ぼくもその標語のもととなる研究にかかわったんですが、そのぼくですら、「そう言われても、一体、どうしろと？」って困ってしまった（笑）。

「早寝・早起き・朝ごはん」は、あくまでも達成の結果なんです。「早く寝て！」とせかしてもお互いにいらつくばかりだから、それを達成できる方法を示さないといけない。そこで考えたのが「光・暗闇・外遊び」です。

編集部　光・暗闇・外遊び。

野井　はい。1番目は光です。ぼくは運動さえすれば、防衛体力が改善すると推測したんですが、運動だけではそれほど改善しなかったんです。でも、外で光を浴びると効果が見られて、それが運動とセットになると、より効果が上がることがわかった。つまり、お日さまの光がどうやら、一番の決め手になるようなんです。

　ちなみに、モニターを見て過ごす時間をスクリーンタイムと呼ぶのに対し、外遊びなど、外で過ごす時間をグリーンタイムと呼んでいます。

――日光を意識した取り組みを

野井　日光を浴びる外遊び（グリーンタイム）でほどよく疲れる。そして夜、部屋を暗くするとメラトニンが出て眠くなる。こうして早寝が実現することで早起きできるようになり、十分な睡眠時間をとることでおなかもすいて、朝ごはんもしっかり食べられる。そういう好循環が生まれます。

大豆生田　園での散歩はどうですか？

野井　散歩でも効果があることが調査でわかっています。それだけでなく、窓際にいて光を浴びるだけでも違うんですよ。

編集部　そうしたら、元気のなさそうな子は、窓際に誘ったほうがよさそうですね。

野井　学校でも気になる子は先生の近くに座らせたりしますが、ガラス越しでもいいですから光が差し込む窓際がおすすめです。

大豆生田　野井先生のお話は科学的エビデンスベースなので、とても説得力がありますね。

野井　人間は約７００万年前の猿人のころ、日光が出ている日中に生活することを選んだんです。そして、人類史の99・9パーセント、日に何万歩も歩いてきた。そういう生活に合わせて、人間の体は進化していることを今一度、私たちは考えたほうがいいですよね。

編集部　体の育ちは脳の育ちにつながっているということ。ここはぜひ、保護者とも共有したいと痛感しました。最後に、野井先生が考える遊びのエッセンスを教えてもらえますか？

野井　「大人が関与しすぎないワクワクドキドキできる」、そして、「安心できる人間関係」が保障される遊びを、極力お日さまの光を浴びながら、ですね。

ワクワク、ドキドキで、
人間らしい脳と体を取り戻そう♪

「身体活動」実践編

じゃれつき遊びで活性化型の脳に

取材協力　**さつき幼稚園**（栃木・宇都宮市）

井上高光 理事長

「一度、じゃれつき遊びをやめたら子どもの気持ちが荒れて、活力も減退したため再開しました。幸い 40 年間、大事に至るケガもありません」。著書に『脳をきたえる「じゃれつき遊び」』（共著　小学館）。

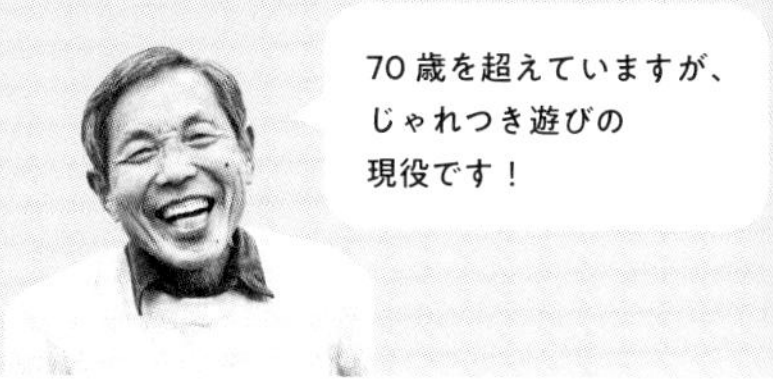
70 歳を超えていますが、
じゃれつき遊びの
現役です！

野井真吾先生たちによる、さつき幼稚園の子どもたちの調査から

感情を発散する運動で、脳の成長が進む？

通常、子どもの成長に応じて大脳の「不活性型」が減少しますが、近年、その減少率が低下（つまり、大脳がうまく育っていない？）。一方で、じゃれつき遊びのような身体遊びで、「不活性型」が低減する傾向が見られました。

●大脳の活動型は、
go/no-goテストで
測定。
赤か黄色のライトが点いたら、
指示どおりゴム球をにぎる
ことで判定します。

さつき幼稚園　2009~2010年

男女とも年少から年長で、不活性型が大きく減少

	脳の不活性型	その他	活性型
男子 年少n=30	80.0%	20.0%	
年長n=28	17.9%	60.7%	21.4%
女子 年少n=22	63.6%	36.4%	
年長n=30	6.7%	66.6%	26.7%

脳は通常、興奮と抑制が未発達な落ち着きのない「不活性型（幼児型）」から、年齢が上がるにつれ、興奮と抑制の切り替えが早い「活性型（大人型）」に移行する。さつき幼稚園の園児は、その移行が一般より早く見られる。

対象群・じゃれつき遊びをしていないF幼稚園の年長児　2009~2010年

さつき幼稚園の年長児より、不活性型が多い

	脳の不活性型	その他	活性型
男子 年長n=35	**37.1%**	57.2%	5.7%
女子 年長n=32	34.4%	43.9%	21.9%

グラフは、四捨五入の関係で合計が 100%にならないことがあります。

参考：論文『朝の身体活動プログラムを実施しているS幼稚園児の高次神経活動の特徴ーF幼稚園児との比較からー』鹿野晶子、野田寿美子、野井真吾ら共著。

体のぶつかり合い、大胆さの中で節度と配慮が育つ

サッカーのような「大人のルール」を基本としない、幼児の発達に見合った身体遊び。じゃれつき遊びもそのひとつです。

さつき幼稚園では、毎朝15分、40年以上この遊びを続けてきました。野井真吾先生たちがこの実践を調査した結果の一部が、前ページの棒グラフです。前頭葉が育ち、自立的・主体的に活動を切り替える力が育くまれているようです。

その実践には、毎日、保護者も参加。大人と子どもの体当たりのシーンもあります。大人はどう子どもたちにかかわっているのか。その様子を拝見しました。

じゃれつき遊び・共主体的保育のワザ

【1. 習慣化と「自己決定」できる実践】

「園バス」がないさつき幼稚園。8時半～45分に三々五々、登園した子から自然にじゃれつき遊びを始めます。1日の始まりの習慣として。

もちろん、参加しない自由もあります。大人の号令を必要としない実践です。

3～5歳児の縦割り編成で、3クラスあります。室内や外廊下で追いかけっこをしたり、クラス内に保管してあるマットにジャンプしたり、つぶし合ったり。

担任の先生。
マットで「つぶしている」子は、特に先生をねらっている気が…。

【2. 大胆な遊びの中で節度を学ぶ】

園のホールには、ある意味「過激」な運動をしたい子が集合。

出勤前などの保護者が、かなり全力で参加しています。抱っこして揺するようなやさしい動きから、空中に放り投げたり、振り回すハードなものまで、子どもに合わせてバリエーションはさまざまです。

お母さんがRくん（4歳）を抱え上げて（写真左）、マットの上に投げると…その上にN先生が覆いかぶさります。そこにすかさずWさん（4歳）が飛び乗りました（写真上）。互いに遠慮のなさそうな身体接触ですが、この中で「節度」を学びます。

手足を持って揺らす遊び。あちこちで見られました。そしてその後、ほとんどの子はマットの上に投げられます。この日は、中学生が職業体験で来園。特に大胆に動いていたFさん（ジャージー姿）は、この園の卒園児でした。

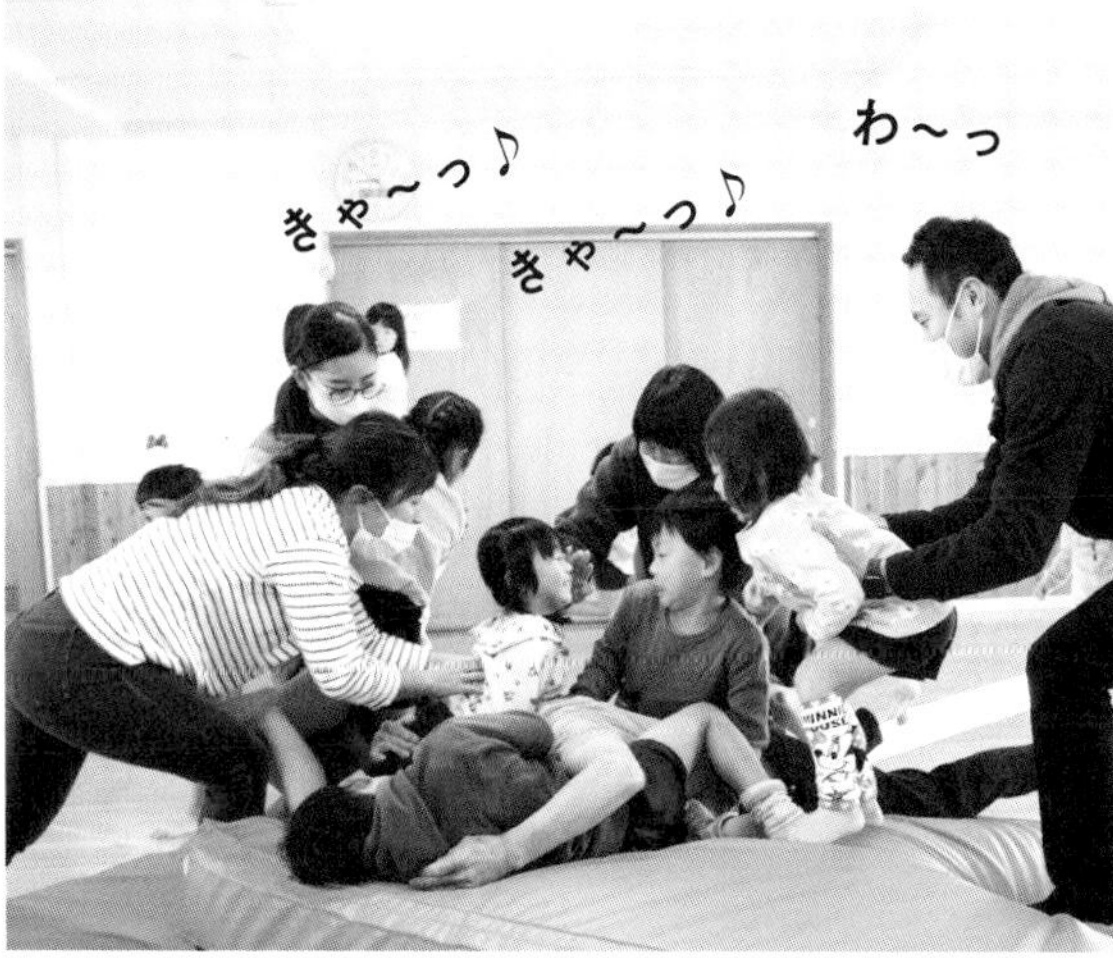

「高い高い」や、肩車からのジャンプなどは大人がリード。それは大人が指導役としてではなく、あたかも柔軟な遊具として場にいるイメージです。常に「わ〜っ」「きゃ〜っ」という歓声が室内に響き渡り、みんなのワクワクドキドキ感が伝わってきます。

【3. 冷静さを失わずにかかわる】

理事長の井上高光先生が参加して、本気モードに入ると、よりハードな遊びへと移っています。

数メートル先のマットへ、ポーン！ 上手に受け身で転がります。すり傷程度の小さなケガは、むしろ「発達のための勲章」。ただし、特に「頭と目」を中心としたケガには、細心の注意を払っています。

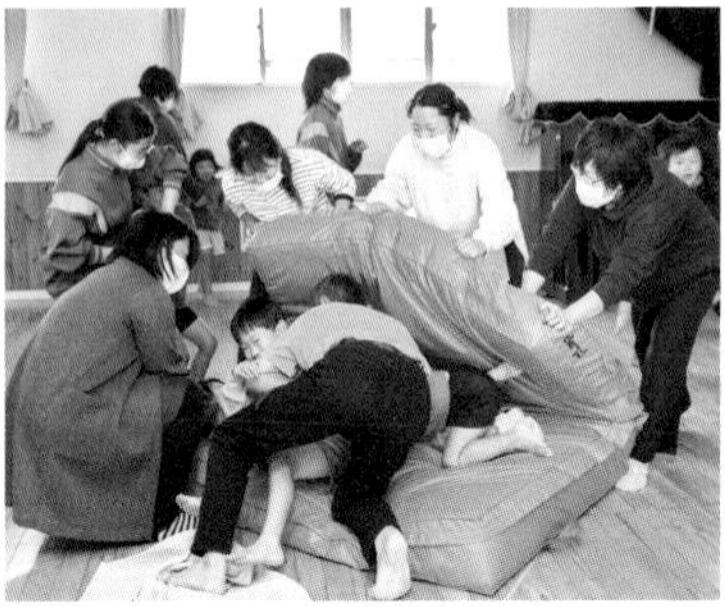

子どもを押さえつける井上先生もろとも、マットで挟み込む先生とお母さんたち。

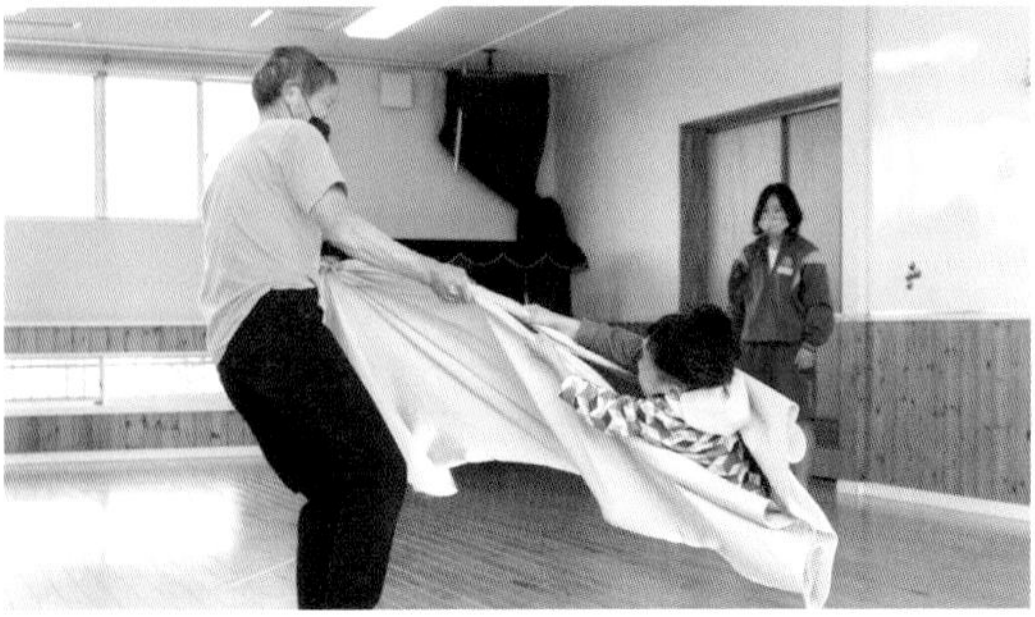

「いいかい。しっかりつかまっているんだよ!」。空飛ぶじゅうたんという名の遊び。布につかまって振り回されます。「やりたい」と名乗りを上げた男の子4人がチャレンジしました。「大人は興奮しすぎず、冷静さを忘れないことが肝心」と井上先生。

【4. 信頼関係を深める身体接触】

これだけの活動をするには、大人と子どもの信頼関係が欠かせません。

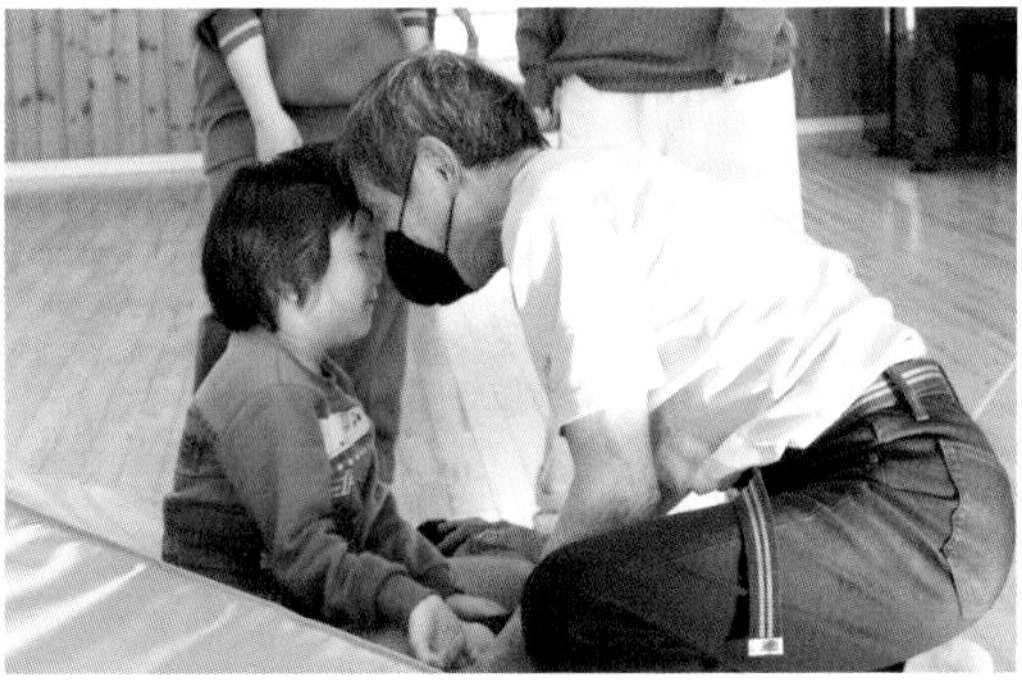

「コッツンコ」。
子どもとの信頼関係を深めたいと思ったとき、活動への警戒心を解きたいと思ったときなどに、「コッツンコ」するそうです。

【5. 涙の経験、そして慰め、励ましも】

泣いてしまう子もいます。「だからやめる」ではなく、そこから育つものも大切に。

大丈夫？

マットに落ちたときのショックで、泣き出す子が何人かいました。泣くことが否定されないのは、大前提です。
右の写真は追いかけっこに参加していた野尻ヒデ園長がそばに来て、「大丈夫?」と声をかけているシーン。この後、泣いていたＫくん（５歳）は、井上先生につかまっている子を助けに立ち向かっていました。それも大切な育ちです。

【6. 活動に静と動のメリハリを意識】

高い興奮状態から、一気に沈静へ。落ち着きの中、大人の誘導なく朝の会が始まります。

じゃれつき遊びの終了後、各クラスに集合。自発的に円をつくり、それぞれの立ち位置を決める子どもたち。

★子どもが落ち着かないとき

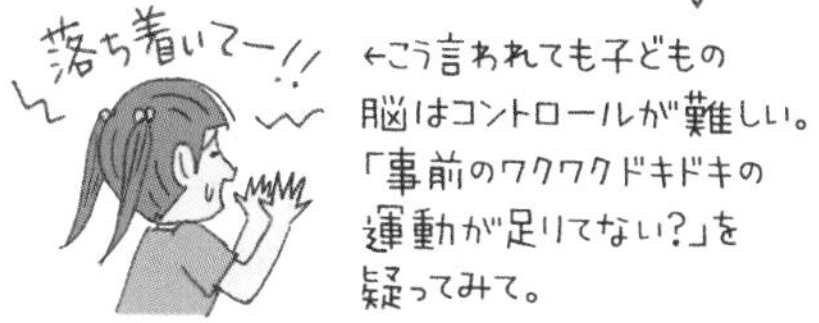
落ち着いてー!!
←こう言われても子どもの脳はコントロールが難しい。「事前のワクワクドキドキの運動が足りてない?」を疑ってみて。

立ち位置が決まったら、係の子が順番に人数確認と朝のあいさつ。
この落ち着きと自己コントロール力は、じゃれつき遊びでもたらされる「前頭葉の活性化」によるものとされます。また、存分に興奮できる活動と、落ち着いた活動のメリハリをつけることが、切り替えの効きやすい柔軟な脳を育てるとも。

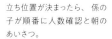

【7. その場で環境に「仕掛ける」】

知育より、身体遊びを重視しているさつき幼稚園。園庭での活動も活発です。先生が子どもの様子を見つつ、白線を引きました。

波形の白線を引いただけですが、この環境の設定で、自然とその上をたどる遊びがスタート。これが環境の効果です。線が引けなければ、ロープでもできそう。先生が環境に即興で仕掛けます。

こちらは「形鬼」? 丸や星、家などを描いて、鬼役の子が言った形の中に移動。その間に鬼が誰かにタッチする鬼ごっこ。先生も一緒に。

【8. 大人が楽しいから動く、誘う】

遊具カーのためのサーキットを白線で描くと、子どもたちがリレーを始めました。そこに担任の平石妙子先生が加わります。

「参加したのは、人数合わせですか?」と平石先生にたずねると、「え? 走るのが楽しいからです(笑)」。順番も適当に、ひたすら走ります。

園庭にいる子と目が合うたび、「一緒にやらない? 参加者募集中!」と声をかける平石先生。そして走るときは、先生もほぼ全力疾走!

【9. 高い自由度の保障】

砂場に水をためて、泥を掘り出し、ドロドロの手で友達にタッチ。年長の女の子たちです。

12月の寒空もなんのその。素足で水たまりを飛び回ります。まず、保護者とのよい関係づくりが、自由な遊びを保障する第一歩ですね。

【10.「光」を浴びる遊びをふんだんに】

室内の遊びを、外廊下の日の当たるところで。

ごっこ遊びも「体を使う限り、身体遊びです」とは野井先生の弁。

夜、早く眠りにつけるホルモンを出すために、室内でするような遊びもできるだけ日光の当たるところで。

じゃれつき遊びの効果は、こういう光の下での活動があって、さらに増強されると考えられます。

実践のレビュー with 大豆生田先生

大豆生田：**人と人が心と身体を交わし、本気で触れ合い、ぶつかり合うこと。それは、かつての遊びの中にはたくさんあったはずです。**

○保育者：**しり相撲をとったり、押しくらまんじゅうをしたり。これは大人が伝えてないと知り得ない遊びですね。**

大豆生田：**赤ちゃんであれば、「高い高い」や「飛行機ぶーん」などはやっているかな。**

○保育者：**年齢に関係なく、安全への配慮は必要だけど、身体接触のある遊びは、やっぱり高揚感が違いますね。**

大豆生田：**身体接触も脳に効きます。「じゃれつき遊び」、改めて見直されてほしい遊びです。**

領域ごとの理論と実践のコーナー４

「性教育」
主体性、人権の育ちに直結

「性」は、子どもの人権、日々の生活、そして一生にかかわる重大なテーマです。
私たちは乳幼児の保育の中で、このテーマにどう向き合ったらいいのか。
理論は、性教育の最先端を知る艮 香織先生に、
実践は、艮先生とともに研究を重ねてこられた
北山ひと美先生の活動からお知らせします。

こんなに広い、新しい性教育の内容

ユネスコ・国際セクシュアリティ教育ガイダンスの８つキーコンセプト。
イラストの吹き出しは、ガイダンスの中の５～８歳を対象とした学びの事例。

ユネスコの公式サイトでこのガイダンス【改訂版】の日本語訳が見られます。

①人間関係
ひとり親家族がいたり…
友情の形もいろいろだヨ
②価値観、人権、文化、セクシュアリティ
生まれたときから人権を持ってるヨ
③ジェンダーの理解
ジェンダーによって差別されないよ
④暴力と安全確保
暴力や虐待はダメだよね
⑤健康と幸福のためのスキル
信頼できる大人を見つけるんだ
⑥人間のからだと発達
体の名前が言えるよ
⑦セクシュアリティと性的行動
いいタッチ悪いタッチを知ってる
No!
⑧性と生殖に関する健康
赤ちゃんができるわけは…
卵子

「性教育」理論編

性教育の中心に人権教育があります

艮《うしとら》 香織先生
宇都宮大学共同教育学部准教授。“人間と性”教育研究協議会メンバー。著書に『親子で話そう！性教育』監修　（朝日新聞出版）、『国際セクシュアリティ教育ガイダンス【改訂版】』（共同翻訳　明石書店）ほか。

新しい
性教育を
ぜひ！

―なぜ性教育に注目が？

編集部　最近、乳幼児期から性教育を取り入れようとする動きが、活発になっているように感じます。

大豆生田　きっかけは、何なのでしょうか？

艮　さまざまな形の性暴力の問題が報道され、「子どもを被害者にも、加害者にもしない」という機運が高まっていますよね。ここには「#Ｍｅ ｔｏｏ」運動（※）とのつながりを指摘する人もいます。

　あるいは、2020年にユネスコ（国際連合の機関）の性教育のガイダンスが翻訳、出版されたこととも関係しているかもしれません。これは、国際的な性教育の到達点をまとめたもので、扱う内容が広いのが特徴です。ユネスコでは「包括的性教育」って呼んだりしています（右ページイラスト参照）。

大豆生田　こんな広範囲をカバーするものなんですね。保育者養成校では、これらを性教育として、まとめて教えているケースはほとんどないんじゃないかな。

編集部　園の中での性教育というと、やはり「防犯」として意識されることが多そうですが。

艮　そうですね。防犯は、教育ガイダンスでいうと、右ページのイラストの8項目中、④や⑦に当たるでしょうか。

ただ、今までの保育の中でも、①の人間関係や、②の価値観、

※　「#Me too」運動：2017年、アメリカで始まったネット上のキャンペーン。「自分も性暴力やハラスメントの被害者」と訴える女性解放思想（フェミニズム）のムーブメント。

専門家に年１～２回、来てもらってもOK。その場合、“人間と性”教育研究協議会会員など、長く学んできた講師を選ぶのが望ましい。

園内会議・研修
少数でも女の子にもやる子はいるヨ〜
男の子って何でそうなの？
今日Aくんが…
内的葛藤誘発
保護者を含めた講習会
性の発達
3歳児の性の興味について…
対大人
パンツの中見せて
何で見たいと思ったの？
え〜
対子ども
ふだんの保育の中で、子どもの人権を保障し続ける（これがベース）

ユネスコの包括的性教育の進め方の基本

・年齢に応じて、包括的に、単発ではなく繰り返し学ぶ。
・知識だけでなく、どう思うかを考え、実践できる力にする。
・保護者、小学校、専門機関などと連携する。

⑤の健康と幸福なども、伝えてきてると思うんですよ。だから特別新しいことではなくて、包括的性教育は「それらをもっと関連づけて考え、進め方も誰かに任せきりでなく、連携していこう」ということなんです。

日々の保育こそ性教育

良　性教育というと、日本では「大人からの知識の注入」というイメージがすごく強いんです。

でも、どんな教育も、みなさんご存じのとおり、「人的、物的環境をどう整えるか」がまずありきですよね。性教育なら、「子どもの体をどう扱うか」という人的環境、「プライバシーを守る空間をどうつくるか」という物的環境の設定とか。

要するに、「子どもをどういう存在として見るか」から始まるんだと思います。

大豆生田　なるほど。今、赤ちゃんから人として尊重しよう、丁寧にかかわろうという意識が高まっていますが、これもこの「包括的性教育」の流れの中にあるんですね。

良　はい。性教育の中心には、人権があるんです。子どもは、自分が実際に大事にされることで、自分も他者も大切にできるようになる。どんなに口で言われても、環境としての

包括的性教育の進め方・例

子どもに気持ちを聞いたり、大人が伝えたり、話し合ったりする共主体の保育が、人権教育の基礎になります。

大人ができていなかったら、何の教育効果も見込めません。

子どもの人権を認める環境があって、そこで信頼関係ができたうえで、性教育について話す機会を持つのがいいんじゃないでしょうか。

――"内的葛藤"を引き出す

編集部 その性教育を、性教育の専門家ではなく、保育者が行うのは難しいですか？

良 そんなことはないのでは？ 園生活には、包括的性教育にかかわるテーマがいくらでもありますよね。

たとえば体についてだと、おしりの拭き方から、性器の呼び方や"性器さわり"まで。ジェンダーに関することでは、男の子のままごと遊びとか、男の子と女の子の呼び方とか。

まず、ひとりの先生が気になったことを先生同士で話し合う。こういうことって、トップダウンで「こうしてください」ではなくて、話し合いの中で葛藤することで、自分のものになっていくと思います。

話し合いの場で、あいまいなこと、当たり前だと思っていたことを、「本当にそうかな？」と、お互いに揺さぶりをかけるのが人権教育のポイント。その中で、「これがいいかな」というのをみんなで探っていきます。

『せかいのひとびと』

絵と文：ピーター・スピアー
訳：松川真弓
（評論社）

『こどもかいぎ』

著：北村裕花
（フレーベル館）

書籍『人権ってなんだろう？』

編集：アジア・太平洋人権情報センター 編
（解放出版社）

絵本ではありませんが、イラストが多く、絵本に近いテイスト。文体も会話調で読みやすい。大人が学ぶ人権の超入門書としておすすめ。

先生が同僚と話し合ったあと、保育の中で「タイミング」を見計らって、3歳以上の子どもなら、同じように「どうしたらいいかな」と話し合い、葛藤する時間を持てたらいいかと。そうすることで、人権や性についてのアンテナが高くなっていきます。

―性教育絵本を活用して

大豆生田　トップダウンじゃなく、話し合いでというところにとても共感します。

たとえば「男女で分けず、〝さん〟づけで呼んでいるか」とかいうチェックリストがあったりしますが、そんなことも話し合いで考えてほしい。子どもも保護者も交えてね。園の文化によって、多くの人が心地よいと感じる着地点は違うはずですし、話し合いこそが共主体の原点でもあるので。

編集部　P.126の8項目は、全部関連しあってるからといって、すべてを順番に全部、取り上げなくてもいいのですね？

良　はい。特に幼児期には、何気ない日常から随時、課題を拾ってやっていければ、と思います。性教育の絵本（✲）が出ているので、課題に関係するページだけを見せて、考

✲　絵本『ようこそ！あかちゃん―― せかいじゅうの家族のはじまりのおはなし』著：レイチェル・グリーナー　絵：クレア・オーウェン（大月書店）、『あっ！そうなんだ！性と生』編著：浅井春夫ほか（エイデル研究所）など

人権関連の絵本の読み聞かせから

性教育の土台となる人権（子どもの心や体の尊重）にかかわりそうな絵本を探して、その読み聞かせから始めるのが、やりやすいかも。そこからさらに、人権にかかわる情報を集めたり、園での子どもの権利を意識した取り組みについて話し合ってみてください。

たとえば、こんな絵本はいかが？

『わたしと なかよし』

著：ナンシー・カールソン
訳：中川 千尋
（瑞雲舎）

『みえるとか みえないとか』

作：ヨシタケ シンスケ
相談：伊藤亜紗
（アリス館）

えるヒントにすることもできますよ。

―「されてイヤだった」という ひと言で変わった

編集部　ただ、こういう活動に刺激されて、かえって異性の子の裸を見たがったりということはないのですか？

良　少なくとも私は、そういう話を聞いたことがないです。ある園では、4歳の男児が隠れて、おとなしい女児を選んで触ったということがありました。母親から「赤ちゃんが出てくる場所がある」と聞いて、見たくなったようです。

これは、下の子が生まれた慌ただしい中で、ラフに伝えたことも一因だったと私は考えています。伝え方のスキルというのはあるんですね。

それで先生たちは、みんなに「体の仕組みについて」話す機会をつくりました。帰りの会の前に10〜15分ほど。ところが数回の講座のあと、同じ子が同じ子にまたやったんです。

大豆生田　保護者もさぞかし心配したでしょうね。

良　ええ。そこで今度は、もっとプライバシーに力点を置いて話すことにしました。「人の体を勝手に触ったり、見せてというのはダメね」と。

☀子どもに、こう聞かれたら
どう答えますか？
この先生の答え方について、
どう思いますか？
園の中で話し合ってみてね。

ただ、これで納得できたかどうか、先生たちが半信半疑でいたとき、触られた女の子からみんなに向けて、「されて嫌だった」という言葉が出たのだそうです。

保育の質が試される活動

良　長い話し合いを経て、この子の中に、「ここでは気持ちを伝えていいんだ」という安心感や、性を含めて体を大事したい思いが生まれたのだと想像しています。そしてやった子は、女の子の言葉を聞いて、「いけないことだったんだ」と悟ったようで、その後、再発はなかったそうです。大人も、「この男の子がいろいろ抱えていたことを知ることができました」と。

大豆生田　性教育は、やはり、人の尊厳を守る人権教育なんですね。その園の先生たち、相当質の高い保育をしているんだなという印象です。

編集部　たしかに、包括的な性教育ができているかどうかは、保育の質のバロメーターにもなるように思います。

0歳児クラスから、まず大人のかかわりを見直すところから取り組めば、結果的に園や家庭での防犯にもなりそう。「保護者も一緒に」となるとハードルは上がりますが、何とか、学ぶ機会を持てたらいいですね。

「性教育」実践編

幼児期から始める性教育

年長児さんに
＜からだのはなし＞
をしています。

取材協力　**和光幼稚園**（東京・世田谷区）

北山ひと美園長（取材当時）
一般社団法人“人間と性”教育研究協議会幹事。共著に『あっ！そうなんだ！性と生――幼児・小学生そしておとなへ』（エイデル研究所）など。

生活の中に そして特別な機会に 性教育の対話を

「幼児期における性教育の聖地」と呼ばれるほど、その実践で広く知られる和光幼稚園。

園では、保育中の子どもの言動から「性」の話題を拾って、子どもたちの集まりの会で取り上げることがあります。

それとは別に、年長児対象に、〈からだのはなし〉という対話の機会も設定。これは毎年、合宿行事の前に、防犯教育の意味も含め、主に大人主導で行います。

北山ひと美園長が話し手を務める、その取り組みを紹介します（週1回ずつ2クラス別に1回20分ほど、計3回実施）。

＜からだのはなし＞・共主体的保育のワザ

【1．着座の位置を考えて】

対話を基本とするので、はじめは互いの顔が見えやすい「サークル」のレイアウトで座りました。

対話のとき

帯刀先生

担任の帯刀彩子先生は、記録をとったり、先生のひざに座りたがった子を抱いて座ったり。

絵本を読むとき

途中、絵本を読むとき、北山先生から「見えるところに座ってね」と声かけが。子どもたちはササッと、自分の座りたい場所に移動。

【2. 写真などの視覚教材を使う】

全3回のうちの1回目（5月下旬に実施）は、「赤ちゃんのときに比べて、今は体を使って、何ができるようになったかな？」という問いかけからスタート。クラスの子の赤ちゃんのときの写真を保護者から借りて、子どもの興味を引きます。

これ、誰だかわかる？
赤ちゃんのとき、
こんな座り方してたよ。
今はどう？

帯刀先生いわく、「写真や絵本などの視覚的な教材があるかどうかで、特に落ち着きが続かない子は、集中の度合いが違ってきます」。

【3. 絵本を資料として利用する】

読み聞かせではなく、絵本の必要なページを選んで扱うときは、内容がよく見えるよう、拡大コピーして使うことも。

朝、「おはよう」って、
ひとりで起きられる人？
…ああ、いるね。
まだおうちの人に起こしてもらってる
人もいるかもしれないけど、
ひとりで起きられるようになってきたね。
ちょっとこれ見て。

子どもたちに、「できるようになったこと」の例を、絵本で見せています。
まだできない子を萎縮させないよう、「まだ～していない人もいると思うけど」と言葉を添えていました。
なお、絵本をコピーして使う場合は、性教育の本に限らず、著作者の許諾が必要です。出版社に事前連絡を。

【4. 子どもの話を誠実に聞き取る】

子どもの話を、「そうなんだ」と受け流さず、可能な範囲で復唱します。話したい子どもには、できるだけ発言の機会を保障しながら。

赤ちゃんのときにはできなかったけど、
できるようなったこと、あるよね？

お風呂に入るのが嫌だったけど、
大丈夫になった。

前はお風呂に入るのが嫌だったけど、
今は大丈夫になったんだね。

赤ちゃんのとき、
転んで泣いた。

でも、
今は？

大丈夫。

今は転んでも
大丈夫ってことね。

⋮

まだ言ってない人は？
はい、聞いててねー。

前は食べられてたけれど、
今は食べられない
ものがある。

あ、
できなくなっちゃった
こともあるんだ。

注：水色の吹き出しは北山先生。ピンク色は子どもたちの言葉。

先生の質問に対して、手を挙げて話す子もいれば、気ままにしゃべる子もいます。あまりにも雑然とした場合は、帯刀先生が個別に「話を聞こうよ」と伝えていました。

【5. 実感を伴うような語り】

体の大切さ、体に触れることにはよい点も悪い点もあることを知るために、人のではなく、「自分の体に触る」ことを体験してみます。

服の上から自分のおなかを
そっと触ってみて。
どんな感じがする？

おなか、頭、靴を脱いだ足の先、足の裏、耳たぶを順になでたり、引っぱったり。
「頭は自分でなでるより、人になでられたほうが気持ちがいいかもしれないね」
「足の先は、強く引っぱると痛いよね。でもちょうどいいとマッサージのようで気持ちいいでしょ？」
触り方、誰が触るのかによって、感じ方が変わることを伝えました。

【6. 発言の糸口をつくる】

「人の体には、勝手に触らないのね」という話をしたあと、帯刀先生から発言がありました。「T（＊）、さっきの困ったこと、北山先生に話したら？」

T、話したら？
やめてくれなかったんだ。
それはやめてほしいよね。
みんなで考えようか。
友達が触ってきて、
嫌って言ったのに
やめてくれなかった。

Tくんは、「やめてというのに体を触ってきた子がいた」ことを、こっそり帯刀先生に伝えていたようです。
Tくんのこの相談は、今回の内容にかかわると判断した帯刀先生。はじめから「自分で言ってごらん」と突き放さず、Tくんに「発言の糸口」をつくりました。

＊「T」は、Tくんの愛称。和光幼稚園では、同意のうえ、友達も先生もニックネームで呼び合います。
ジェンダーフリーだとして、一律に「～さん」などと呼ばせるのではなく、互いに心地のよい呼び方を考えるのも、包括的性教育の一端と考えられます。

【7. 対話しながら読み聞かせ】

絵本は淡々と読むのではなく、ところどころ先生の考えなどを加えます。子どもからもいろいろ発言が出ますが、ここでは読むことを中心とし、全部には対応しません。

『からだっていいな』（P.139の絵本参照）の「おふろに　はいった」のページでは、子どもたちから「ちんちん、丸見えじゃん」「おかしいよ」という声が。それを受けて、「誰もいないならいいけど、誰かがいるとちょっと恥ずかしいね。でも、お風呂に入るとき、裸になるって気持ちいいよね」（北山先生）。
体にネガティブな印象を与えないように、配慮します。

【8. 身近な話を導入に使う】

2回目の〈からだのはなし〉は、身近なプールの話題から始めます。

水着に着替えるとき、どうやって着替えてる？

あれを（可動壁）を置いて着替えるー。

みんなで一緒に着替える？

男の子と女の子に分かれる。

だって見られたら恥ずかしいから。

男の子は女の子を見ちゃだめ。

男の子と女の子では、違うところがあるみたいね。

男女別に着替えているので、自然と男女の体の違いに話が移っていきます。

【9. 特別な教材を用意する】

体の違いを見せるために、海外から取り寄せたリアルな赤ちゃん人形を使っています。

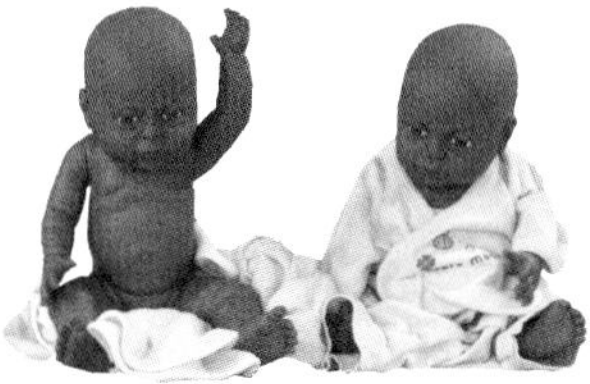

北山「どうしたら人形が、男の子か女の子か、わかる？」
子どもたち「服を脱がせるー」
北山「ちょっと見せてもらっていいですか？」
人形相手でも、先生は確認を取りました。

【10. 最も伝えたいことは強調】

人形を見せたあと、「プライベートパーツ」について伝え、最後に再度、「ここが今日、一番伝えたかったことだよ」として、内容を繰り返します。

「性器」という言葉や、人に勝手に見られたり､触れられたりしない「プライベートパーツ」（口、胸、性器、排泄器、おしり・肛門）があることが伝えられました。
男の子の胸も触れるのには同意がいるとし、よくいわれている「水着で隠れるところ」ではなく、「プライベートパーツ」として教えています。

【11.気になった発言はあとでフォロー】

子どもから気になる発言が出たら、その場ではなく、あとで個別に聞く機会をもちます。

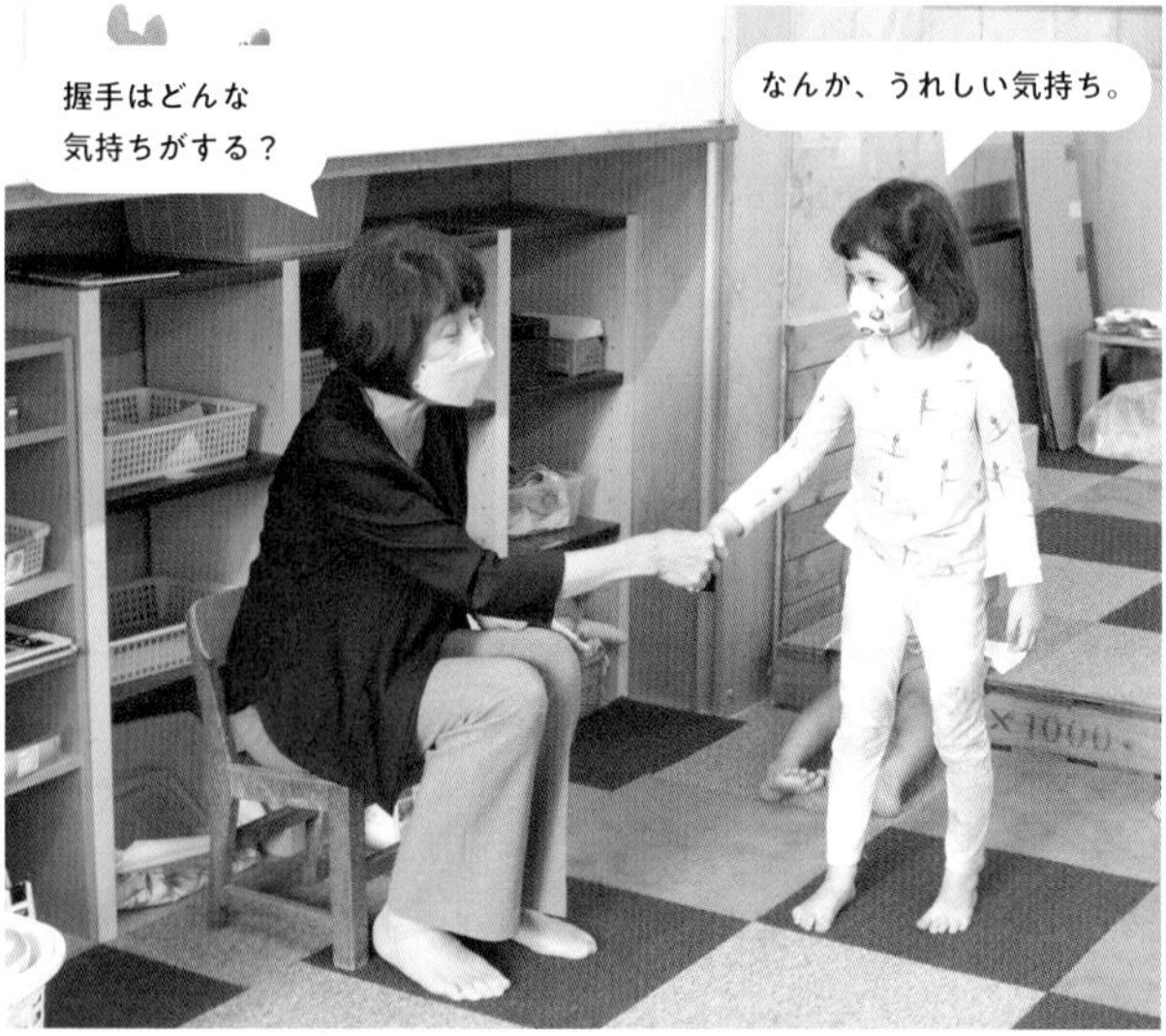
握手はどんな
気持ちがする？
なんか、うれしい気持ち。

3回目は、「人との触れ合い」をテーマに、握手をしてみる体験から。もし他人との触れ合いで、「嫌だ」と感じたときは、嫌だと言っていいことを伝えました。

たまに対話の中で、「触れ合い」に関して、子どもから気になる体験談が出てくることが。そのような場合は、会のあとに当人や保護者に丁寧な聞き取りをして、対応します。

【12.保護者との学習会】

子どもたちへの〈からだのはなし〉の1週間後に、保護者へ向けて1時間のレクチャーを実施しています。

この<からだのはなし>は、子どもたちにとって、3日間の特別な活動。左がその日程のスケジュール表です。これだけでなく、子どもたちの様子を見ながら、日ごろから「性」について話題にしています。

工程

性被害は、子どもの知っている人から受けるケースが圧倒的多数であること、性教育を「人との関係性も含めた包括的性教育」ととらえ直す必要性などを説明。年下の子がいる家庭への配慮として、プレーコーナーも設置していました。

和光幼稚園　性教育〈からだのはなし〉のスケジュール（日程）

対象		主な内容
保護者		3歳児クラスの時点で、一度、園の性教育の概要も含め、保護者と学ぶ機会を設けている。
年長児	1回目の会	・ふだんあまり意識しない、体の大切さに気づく問いかけをする。 ・自分の体のいろいろな部位を触って、どう感じるかを体験。 ・絵本『からだっていいな』の読み聞かせ。
年長児	2回目の会	・赤ちゃん人形で男女の体の違い、性器の呼び名について知らせる。 ・性器の洗い方を教える。
年長児	3回目の会	・人とのほっとする触れ合い、嫌な触れ合いについて考える。 ・プライベートパーツや、自分が嫌だと思ったときは嫌と伝えることを説明。
保護者		5歳児クラスの保護者に性教育の要点と、子どもに伝えている具体的な内容を知らせる。

左の絵本を使いながら進行。絵本の巻末に使用方法が掲載されており、活用しやすい（本書 P.134 の項目 3、P137 の 10 で使用）。

『あっ！そうなんだ！わたしのからだ ――幼児に語る性と生』編著：中野久恵、星野 恵　絵：勝部真規子 （エイデル研究所）

P.136 の 7 で使用。

『からだっていいな』作：山本直英、片山 健 （童心社）

子どもたちに見せた絵本や人形を共有しながら。

実践のレビュー with 大豆生田先生

H保育者：保育の現場ではなかなか扱わない「性教育」。高いスキルが必要そうだけど、必要性はひしひし感じます。

大豆生田：この実践は身近なことを話題にしたり、体に触れて実感したりしているので、幼児期の子どもたちには、とても伝わりやすいプログラムですね。

H保育者：表には出にくいんですが、園では子どものきわどい性的な事例が、けっこうあるんです…。

大豆生田：保護者との会も、こうやって定期的に行っていれば、「何かあったとき」に慌てて取り繕うようなことにならないですみますね。

領域ごとの理論・実践のコーナー特別編

— 妹尾正教先生・和泉 誠先生・大豆生田 啓友先生との対話 —

「表現活動」

人、モノ、社会とつながる

音楽、劇遊び、造形。これらは、すべて表現活動です。
でも、人の感情表出、一挙手一投足に至るまで、
「表現活動」ととらえることができます。
そして「表現」は人とつながり、共主体となる手段に。
活発に表現活動を行う、ふたつの園の先生方と話し合ってみました。

写真1

世田谷代田 仁慈保幼園

(東京・世田谷区)

左の写真は園内のギャラリー。部屋の全面に貼った紙の上に、画家(伊倉真理恵さん)が植物園のイメージで描画。窓にも描かれ、園に面する遊歩道からのぞくことができます(取材時)。

通行人から見えるコミュニティースペースを園舎につくりました。(仁慈保幼園・妹尾正教先生)

鳥取県米子市の仁慈保幼園から始め、全部で4園を運営。

写真2

こどもなーと保育園

(大阪・東淀川区)

子どもたちの作った作品を、交流のある神社に「奉納」しています。左はそのあと、神妙に返礼のお祓いを受けている場面(この事例は、こどもなーと摂津保育園のもの)。

大人同士が関係性をつくることで、子どもがそこに参加できます。(株式会社なーと・和泉 誠先生)

大阪府内に、認可家庭的保育事業を含め、7つの保育施設を運営。

(写真はすべて両園からの提供)

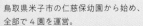

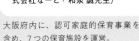

暮らしの中で
大人と子どもの世界を「行き来」する

壁もホワイトボードにしてあるので、描き放題。1・2歳児の中には、40 ～ 50 分集中して描く子も。

写真 4

写真 3

床に、直接描画中。「描いても消せるクレヨンなので、“描いたらダメ！”って叱る必要がなくなります」（和泉先生）

――「作品づくり」を意識しない

大豆生田　表現活動というと、できあがった作品の展示や、パフォーマンスを見せることを目的とするものが主流ですよね。いわゆる「作品中心主義」と呼ばれるもの。

でも、表現活動って、そんな単純なものじゃないはず。園の中で、具体的にどんなことをされているか、聞かせてもらえますか。

和泉　うちの園は、0・1・2歳児が対象なので、そもそも「作品をつくる」っていう意識が、子どもにも保育者にもないんです。「アトリエの中の保育」という感覚で生活しているのですが、ぼくらがそこで大切にしているのは、ひとつは「製作キット」のような、できあがりが限定される素材を避けるということ。可塑性の高い粘土や、身近にある葉っぱや泥などの自然物を多く扱っています。

もうひとつは、素材の用途をこちらが指定・限定しないこと。「クレヨンは、紙に描いてね」ではなく、「好きに使っていいよ」というスタンスでいます。

編集部　床や壁にも描いていますが（写真3、4）、その間、先生たちは？

和泉　活動をじゃましないようにしながら、記録を取っていることがほとんどです。もちろん、子どもに「コアラ描いて」

仁慈保幼園

園の藝術祭で、"子どもから大人まで楽しみながら学ぶ"をコンセプトに、保護者と保育者が企画したコーナー。ここでは、大人のセンスを最大限に発揮。

写真6

写真5

写真1の作品の中で、自分なりの表現世界を楽しみます。

とか言われたら、描くことも。でも超リアルに描いて「気持ち悪い」って言われたりして（笑）。職員には、「子ども向けのかわいいコアラちゃんをわざわざ描く必要はないよ」って伝えてるんですよ。

大豆生田　まだ日本の園には「小さい子ども向け文化」が根強いですからね。小さい子にはかわいい絵というのは、ともすると「子どもは何もできない、教えてあげるだけの存在」という子ども観に根ざしてるように思います。

編集部　視力の弱い赤ちゃんなら、目のくりくりした単純な絵は見やすいと思うんです。でも、活発に動き回れる子、さらには4・5歳児まで対象にそういう絵を飾っている園のことが、よく話題になりますね。「子どもの発達や能力を知っていれば、そうはならないのでは？」と。

和泉　ここの園に来る大人からは（保育の専門家も含む）、「0・1・2歳児に絵なんか描かせて何になるの？　何にもできないでしょ？」って言われたりしてますよ。

全員　ええぇ⁉

―― 大人も表現する場として

和泉　0歳児の場合、クレヨンを目の前にバラバラ置いておくと、「これは何だろう？」って投げたり、たたいたりする。

モノとの対話（相互的やりとり）

それが1～2か月たつと、大きい子の真似をして描き出したりするんです。この描き始めるまでの、「これは何？」って、自分自身で確認していく作業が、ぼくは絶対的に大事だと思っていて。

妹尾　この世に誕生したばかりの子どもには、初めて見るものがたくさんある。それを触ったり、たたいたりして確かめると同時に、無意識に「自分の感覚」も確認している。

触ってどう感じるか、たたくと自分にどう響くか。こんなモノとのやりとりを、「モノとの対話」と呼んだりしますね。

編集部　自分の体に響き伝わるものが、モノからのメッセージだととらえる。そこを大人が理解できれば、「0・1・2歳児が表現する意味」がわかってもらえるかもしれないですね。

大豆生田　ぼくも拝見しましたが、妹尾先生の世田谷代田の園には、地域の人が外から見られる「ギャラリー」があるんですよ（写真1、5）。

妹尾　幸い、世田谷代田ではスペースがとれたので、外へ活動を広げつつ、中にもギャラリーや地域の人を呼べる場所をつくりました。子どもだけじゃなく、「大人も表現できる場」をつくりたかった。

これはときどきのイベントではなく、日常的な活動にしています。保育者、保護者、地域の人、アーティストの方々などに企画を出してもらい、取り組んでいるんですよ。

正統的周辺参加論の概略 by ジーン・レイヴ&エティエンヌ・ウェンガー（アメリカ）

「学び」を、個人の「知識、技術の獲得」だけでなく、実践共同体の実践の周辺参加から、フル参加へ向かうプロセスだととらえる関係発達論。人はその参加の度合いを深めながら「その人として」育ち、それと同時に「参加している実践共同体も変容させる」と考えます。「正統的」とは、その実践共同体の一員と認定されていることを意味します。

実践共同体の実践への参加イメージ図（実践は多様に複雑に存在）

実践共同体
たとえば、所属するクラス、クラブ、仕事場、ネットのコミュニティーなど、人のつながりが起こる集合体。仁慈保幼園のケースでは、園とつながる地域などがそれに当たる。園児も場面によって、フル参加になることがある。

古参者
通常、実践共同体に深く関与し、「フル参加」（共同体に不可欠な役割があるとして参加）している人々。

新参者
通常、実践共同体に浅く関与し、「周辺参加」している人々。責任は免除されるが、共同体の一員としての役割を担う。徐々に「フル参加」へ移動。

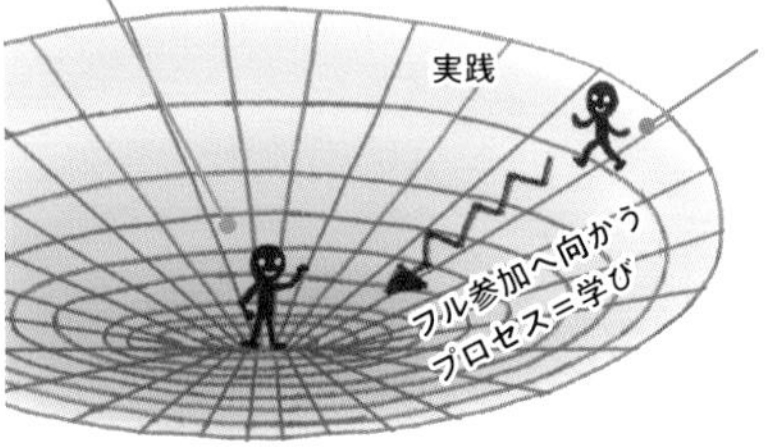

「理解の資源」となる人やモノなどへのアクセスが増えていくよ！

――文化の中で自然に学んで

妹尾 ただ企画には、条件をつけています。「子ども向けではなく、一般向けであること」、そして「必ず、子どもにかかわること」。製作過程に子どもが入るのでもいいし、できあがったあと、子どもがそこで遊べるのでもいい（写真5、9）。子ども向けワークショップを行うこともあります（写真10）。この活動も、共主体といえるかなと。

編集部 そのとおりですね。子どもが入っていける大人の文化がある。そして、子どもは常に意識されているというところがポイントかと。

大豆生田 このようにしようと思ったきっかけは？

妹尾 たとえば、アメリカのグラミー賞受賞者が、授賞式で「いつも家にジャズが流れていた」なんて話をするんですよ。つまり日常の文化が、彼らに学びとして影響を与えていたんだろうと思えたんです。

そんなふうに、大人の文化の中に子どもが入って、そこで学べるのが自然でいいんじゃないかと思います。

大豆生田 地域の大人の文化的実践に、子どもも参入する「正統的周辺参加」（上図参照）ですね。そこで子どもは地域の一員として学んで、また活動を盛り上げるなどで役に立っているわけです。

参考:『状況に埋め込まれた学習 正統的周辺参加』著:ジーン・レイヴ、エティエンヌ・ウェンガー 訳:佐伯胖 （産業図書）、『教えと学びを考える学習・発達論』 編著:岩田恵子 （玉川大学出版部）。 左記文献ではフル参加は十全参加と訳される。

写真7
例えばハンバーグのおもちゃは、ハンバーグにしかならない。それに比べて、自然物はいろんなモノに見立てられます。その見立てる「想像力」を引き出します。

画材を描く道具としてではなく、遊具として扱う子どもたち。当然それも受容され、大人はそれをおもしろがります。

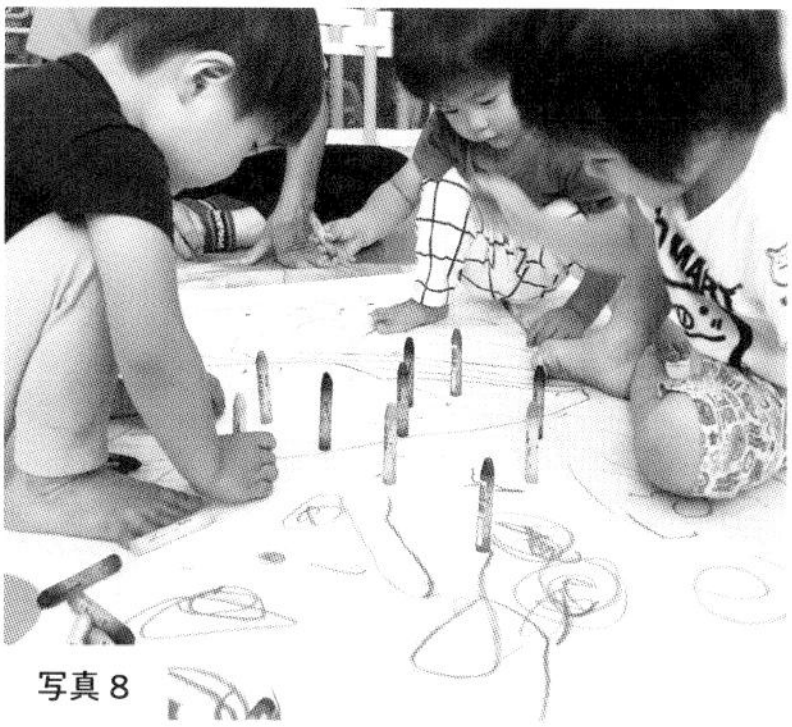
写真8

編集部 世田谷代田 仁慈保幼園では、通常の保育はどのようにしているんですか?

妹尾 保育は保育で、子どもが企画したことを中心に進めています。保育での子どもの表現と大人の表現が、園内で同時並行して起こっているイメージですかね。

保育では、一斉に何かをすることは極めて少なくて、3・4・5歳の異年齢クラスでは、10時と16時にクラスに集まって、みんなに相談したいことや、明日につながる情報を交換したりしてます。給食もクラスで食べるし、「クラス」という子どもも社会は享受できているんじゃないかな。

和泉 うらやましい環境です。ウチは小規模だから、「園外での学びの場」を意識的につくる必要があるんですが、例えば、近くの神社との交流などは、ぼくらの想定外のことも起こって、子どもたちはきっと楽しいんだろうなと思っています(写真2、12)。

――表現は交流の手段にも

和泉 ぼくは、経験で感じたことを「伝えたい」「共有したい」って思ったときに表れるものすべてが「表現」だととらえています。言葉でも、創作物でも。つまり表現は、一種のコミュニケーションの手段。表現は、経験による「インプット」があっ近所のお店の方が、「コラージュ」の文化を持ってきてくれました。子どもが製作体験しただけでなく、保育者もコラージュのおもしろさを知り、今は素材として雑誌の切り抜きを園に常備しています。

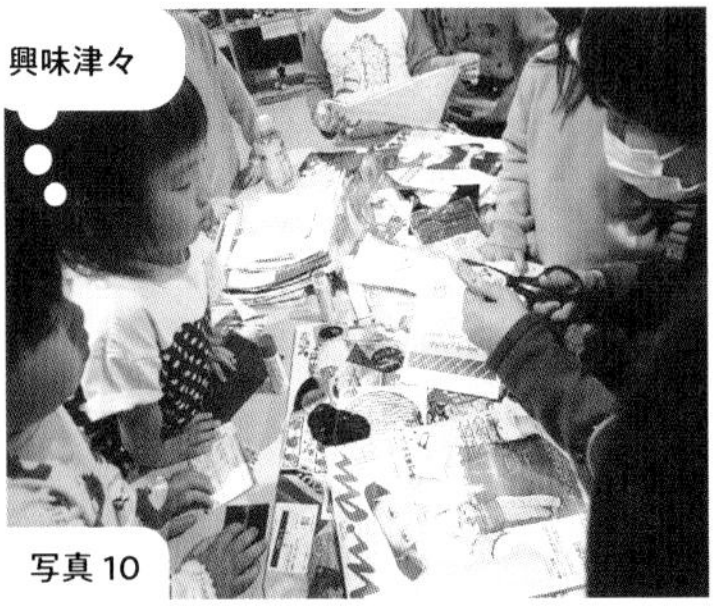

写真10

写真9

地元のお祭りで活躍している方々が製作した、ピンホール仕様のカメラ。子どもたちはのぞいて遊んだり、真似して作ったり。

てこそなので、まず経験を保障したい。

「インプット」の機会は日常生活の中にもあって、散歩や誰かとのおしゃべりもその一部だし、楽しそうな素材に出会うのもインプット。神社との交流は、大きなインプットの機会です。

編集部　そして表現したモノを介して、新たなコミュニケーションが生まれるんですね。

妹尾　それはありますね。ただ、必ずしも常に表現が、コミュニケーションの手段にならなくてもいい。子どもって、ひとりでコソコソと何かを描いたりしてることがあるでしょ？ そういうときは、そっとしておく。

「コミュニケーションの手段にしなくては！」と思っていると、その世界に大人が「○○を作ってるんだね？」なんて入り込んだり、その作品をいちいち認めてあげたくなってしまう。

大豆生田　コソコソやっているのは、先ほど言われていた「モノとの対話」になるのかな。モノとの対話だけで子どもが満足して、それで完結することがあってもいい、と。

和泉　モノとの対話、そうですね。そして「常にコミュニケーションの手段にしなくてもいい」というのにも同感です。

そして、そのコソコソとしていることも、プロセスとして保護者に伝えることはしたい。「何か作ってました」ではなく、「その子はどんな表情、手の動きをしていたか、過ごした時間にはこんな意味があったんじゃないのか？」が伝わるドキュメンテーションを作って。

妹尾　活動のプロセスを重視したドキュメンテーションは、ぼくらも長年作ってきています。できた作品に意味がないわけじゃないけど、プロセスも含めて記録して、「これはどういう意味があるんだろう」って、保護者も一緒になって考える。そこは大切にしたい。

編集部　子どもがモノと対話して表現する。大人がまたそれをプロセスも含めて読み取って、ドキュメンテーションとして表現する。表現の連鎖ですね。

妹尾　大きな意味で、生きることがもう、表現することだといえるかなと。そしてその機会を積極的に作っていくのが、教育なんだろうと思ってます。

仁慈保幼園

日常の保育で、「りなたす」という架空の動物について想像を膨らませました。上段は大人による記録。「りなたす——さめのなかまでひれがあり、およぐことができる。たまごをうむ…」とあります。

写真 11

近所の神社に「奉納」した子どもたちのオリジナル屏風。作品は参拝者の目に触れるよう、ドキュメンテーションと一緒に境内に展示されます。

写真 12

こどもなーと

写真 13

神社で拾った葉っぱなどを折り紙に貼って、「OPP」という透明シートにマスキングテープでとめた作品。これも、神社に奉納しました。

領域ごとの理論・実践のコーナー補強編

共主体で進める3つの実践紹介

学び合う、 育ち合う共主体の保育といっても
保育者のかかわり方は実にさまざま。
次に紹介する３つの事例でも、 それぞれの個性が際立っています。
自分の実践を４つ目の事例として思い浮かべながら、 ご覧ください。

劇遊び

台本なしの劇づくり
（東京・世田谷区　和光幼稚園）

クッキング活動

子どもの出番をつくり出す
（東京・港区　港区立伊皿子坂保育園）

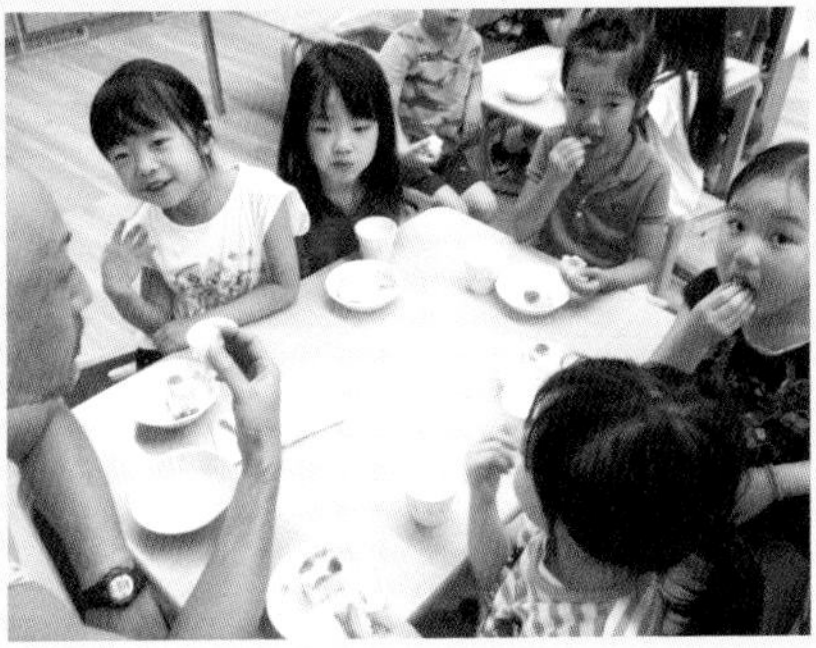

造形活動

美術館を共主体の仲間に
（徳島・徳島市　おおぎ認定こども園）

三者三様のアプローチに注目！

（写真はほぼ３園からの提供）

「劇遊び」実践編

台本なしの劇づくり

子どもたちは、「いかに笑いをとるか」に知恵を絞ります。みんな、本当に、楽しいことが大好きなんですね。

取材協力 **和光幼稚園**（東京・世田谷区）

劇遊びに加わり、アドリブでみんなのイメージを膨らませる担任の冨宇加栄里子先生。右の写真は閻魔様の役を演じているシーンです。

保育者の個性主体性も存分に発揮して

劇づくりは、ことさら園や先生のカラーが色濃く出るようです。ここで紹介する冨宇加栄里子先生のすすめ方もユニーク。いわく、

「和光幼稚園の保育者も、それぞれが自分の感覚でやっています。そして私自身も、その年の子どもによって変えたり、どんどん進化してると思います」。

冨宇加先生の最近のこだわりは、「原作にとらわれず、シンプルな物語で展開が繰り返せるもの」。星組（5歳児クラス）が、2月末の「劇の会」までにたどったプロセスをお伝えします。

劇遊び・共主体的保育のワザ

【1．活動の導入に絵本を使う】（演目の決定へ）

「劇の会」が1か月後に迫った1月のある日。以前に読んだことのある『じごくのそうべい』を、改めて読み聞かせしました。

「劇の会」は、みんなが心待ちにしている卒園前の恒例行事。やらないという選択肢は、みんなの中にはありません。『じごくのそうべい』の絵本は、先生の予想どおりのよい反応。そこで、簡単にその内容で遊んでみます。
冨宇加「(今)、じんどんき（鬼役）をやってみたい人！」
(さっそく手が挙がる)
冨宇加「くしゃみ出ろー」
くしゃみをしたり、痛たたたた～！　と演じる子どもたち。みんなで大笑いし、星組の演目はこれに決定！

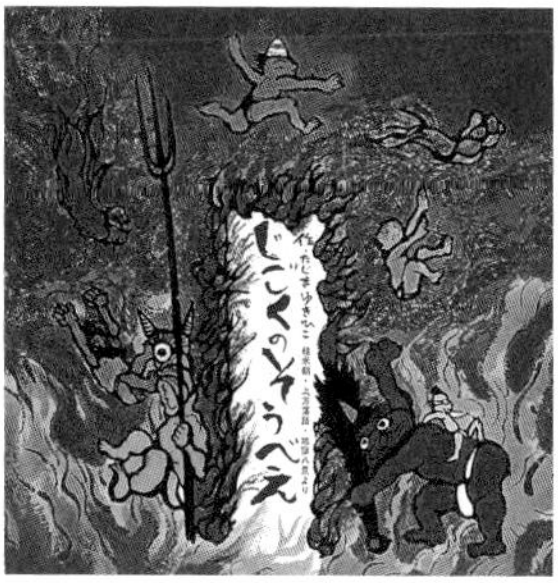

『じごくのそうべえ』
作：たじまゆきひこ　（童心社）

【2. アイデアを出しやすい課題設定】

「絵本にはない地獄を考えるのもおもしろいかも？」というと、翌日、子どもたちはノリノリでアイデアを考えてきました。

先生にはすでに「いろいろな地獄から、登場人物が知恵を絞って脱出する劇にしたい」という構想がありました。
主体性の尊重とは、自ら考えて動くチャンスを保障すること。「考える」は必ずしも、ゼロスタートでなくていい。先生は知恵を絞り、子どもが考えたくなるお題を出します。

【3. ユーモアのセンスを引き出す】

アイデア出しされた地獄を、実際にホールでやって検証。ユーモアがあふれ出します。

やりたい子が、順に演じていきます。
右は「イチョウの木地獄」。木の上で、「怖い～」とおびえ、「あ～っ」という叫び声をあげて、次々と楽しげに落下。やりながら木に抱きつくなどの演技を発見し、それがみんなに共有されていきます。
「イチョウは和光学園のシンボルツリーなんです。園庭にもあり、身近なんですよ」と冨宇加先生。

「くさい靴下地獄」のお試し中。「今日は参加しないだろうなと思っていたTくん（写真の白いシャツの子）に、“靴下を投げ込んで！”と誘うと、気合満々でやってくれました。“くさ――い！”という迫真の演技、あまりのくささに倒れ込む芸まで。」（冨宇加先生）
いかにみんなを笑わせるか。ここが子どもたちの最大のキモです。ユーモアのセンスは知性。引き出すチャンス、つくってますか？

【4. 意見を“売り込む”チャンスを】

日常的に、自分の意見を売り込む「プレゼンテーション」の場が設けられます。

「みんなから出た地獄を全部はできないよね」という先生の言葉を聞いて、「鳥地獄」を発案したSちゃんが、みんなにどういうものかを知ってもらうために鳥のペープサートを作ってきました。鳥の魅力について語っています。聞いているみんなも真剣。

【5. 記憶ではなく思考する学び】

最後まで、しっかりした台本をつくることはありません。いうならば台本を「記憶する学び」ではなく、アドリブで「思考する学び」。

閻魔様の髪の毛を抜きました。
それならおまえもハゲさせてやる！

少しずつ物語の流れを考えて、場面を広げていきます。地獄からの脱出方法だけでなく、なぜ登場人物が地獄に来たのか、鬼がどの地獄を選ぶのかの理由も、全部アドリブで言葉をつなげています。

【6. 多数決でなく対話で決着】

アイデアで出た「地獄」をひと通り体験し、1月27日の「おわりの会」では、5つの地獄に絞り込みました。

決定！
泥地獄・虫地獄・鳥地獄・イチョウの木地獄・雷地獄

ひもの先に紙製のハエがついている
ブ～ン、ブ～ン
うるさーい！

「○○地獄がやりたい人？」。こうたずねて傾向を探りながら、賛同数が少ない場面は「なくてもいい？」と確認していきます。
自分のやりたい案にこだわって「主張・交渉する力」と、相手の案に「配慮・納得して折り合う力」が主体性。今まで、多くの話し合いを経てきたこともあり、互いに気持ちを汲み合いつつ、決着できました。

小道具を作って「ハエ地獄」へのこだわりをアピールした子も。最終的には「虫地獄と合体したら？」と言う友達の意見を受け入れて決着しました。

【7. しっくりする言葉を一緒に探す】

先生は劇中の言葉などに違和感を覚えたとき、妥協せず、改めてみんなに相談をもちかけます。

この日は、５つの地獄のほか、地獄を旅する４人の登場人物も決定。

・泥団子名人　・虫採り名人
・ダンス名人　・コック

たとえば、雷地獄では、ダンス名人が中心になって踊りながら雷を避け、そこから脱出という趣向。
すべて、遊びのアドリブの中で、徐々にストーリーと本番で言いたいセリフを固めていきます。

写真は本番の「鳥地獄」。焼き鳥とビールで宴会中です。白い鉢巻きが店長。

その中で、鳥地獄では「“コック”が襲ってくる鳥を焼き鳥にして、宴会を始める」というシーンがあります。でも、「これはコックなの？」という違和感を覚えた冨宇加先生。先生は「大将や料理人」を思いつきましたが、それを伏せて、子どもたちに相談してみることに。

冨宇加「昨日、焼き鳥とかを作る人をコックさんにしたんだけど、呼び方が違う気がするんだよね。みんなだったら、焼き鳥とかを作る人をなんて呼ぶ？」
Ｈ「店員かな？」 Ｍ「あ、店長！」 みんな「店長！　店長!!」

これがしっくりきたようで、コック改め、店長になりました。

【8. 関係性の中で叱るべきときは叱る】

「主体性」とは、周辺の事情まで配慮して、考えて動くこと。状況を考えずに勝手気ままに動くのは、「配慮の主体性」が働いていない状態。行きすぎれば、先生はしっかりストップをかけます。

劇の練習の合間に大小の道具を作ります。道具はいつでも遊べるように出してありますが、乱暴に扱って壊してしまうことも。
このときも、製作途中の鳥の羽で男の子たちが戦いごっこを始めたため、「考えて！　壊れたら劇ができないよ！」と、先生の叱責が飛びました。
（もちろん、壊れることで、次からの配慮を期待することもできます。そこは先生の判断で）

【9. 保護者にデジタルで情報配信】

ほぼ毎日、かなり詳細な通信を発行。この劇遊びでは「動画」も使って配信しました。下の通信はクラスメールに添付して一斉送付、保護者からの返信も反映することがあります。

今日は泥地獄をやってみました。

(2021年2月2日分5ページの一部)

最初ということもあったのですが、ほとんど会話もないままに泥の中へ…そして、泥団子を閻魔様たちに投げつける…というドタバタ。担任も何をどうしていいのか思いつかず、スルー。正味3分くらいで1回目終了。
2回目は、私も店長として参加しました。
担任「おまえはどうして死んだんだ」
R「東京タワーから落っこちた」
担任「おまえはどうして死んだんだ」
N「わからないうちに死んでた」
担任「おまえは？」
M「車にぶつかって」
R「向こうに閻魔様がいるのかな」
担任「ちょっと見てきてくれよ」
N、M：恐る恐る近づいて「いたー！」と戻ってくる。こんなやりとりをしている間も「おい、何をブツブツ言っているんだ！　早く来い！！」「鬼ども！　あいつらを早く連れて来い！！」とアドリブが止まらないS閻魔。
さすがに「ちょっと、ここでおもしろくしているから、待ってて」と止めてしまいました。

自分が言いたいことをどんどん言える子たちには、相手の様子や状況に合わせて掛け合いを楽しむことも伝えていこうかな。

通信は、先生の記憶、フリー保育者の記録、ICレコーダーの録音をもとに作成。「1日1時間かかることも」と冨宇加先生。
オンラインでのライブ動画配信も含め、これらの通信で、保護者は子どもの育ちをかなりクリアにイメージできているようです。

左のアンダーラインのように、先生の支援の方向も伝えています。

【10. 子どもの葛藤を育ちのきっかけに】

発表劇の関門ともいえそうな「配役決め」。先生は「一皮むけてほしい」と願っていたMちゃんに閻魔の役を提案してみました。

Mちゃんのエピソード

何でも器用にこなせ、負けず嫌いのMちゃん。「名人に負けるような閻魔様の役はやりたくない」と言っていました。

たまたま3幕の閻魔の役があいたとき、それを「千載一遇の大チャンス！」ととらえた先生は、「Mにやってほしいな」と提案。

はじめは涙をにじませて拒んでいたMちゃんですが、「もちろん決めるのはMだから。あとで聞くね」という先生の言葉に、最後には「じゃあ、やる！」と意を決しました。

その後の練習では吹っ切れたように、楽しんでいたそうです。

冨宇加先生は、「迫った担任の責任として、Mちゃんの世界の広がりにつなげたい」と通信に書いています。

本番当日の様子から

1幕　泥地獄＆雷地獄
2幕　虫地獄
3幕　鳥地獄
4幕　イチョウの木地獄
（おのおのの地獄で、閻魔1名・鬼2名、名人4名、計クラスの全28名が登場）

セリフは、練習中の気に入った言葉をそれぞれが自発的に覚えていますが、固定しておらず、それを言わなかったら失敗ということはありません。
ただ、地獄に落とされたとき、脱出をリードする名人がここは任せてと宣言することだけは、一応約束にしました。このセリフのおかげで、劇の統一感が一気にアップ！

さっき焼き鳥にした鳥の羽で、飛んで逃げよう！
ここはオレに任せろ！
下にマグマの火を入れるぞ！

上写真の閻魔様の冠は、製作が得意な保護者に直接に依頼。
発表会当日は、途中で固まる子がいても、通信で様子がわかっている保護者は、どんなセリフが出てくるか、誰がどうフォローするかを、ワクワク、クスクス、ウルウルしながら見ていました。

実践のレビュー with 大豆生田先生

大豆生田：恒例の劇の会ですが、子どもたちに、やる以外の選択肢がないほど楽しみにしてきたことが伝わります。

H保育者：子どもは、先輩の姿を見て、「来年は自分も！」と期待するんですよね。

I保育者：そこは「毎年みんなそうだ」と思い込まないよう、子どもを見なきゃと思うけど。

大豆生田：この実践では、多数決で決めてしまわないとか、個々の子どもの意見を十分に尊重しています。行事を大人主導の惰性でやってるところとは、決定的に一線を画していますね。

H保育者：子どもの世界では、子どもの世界なりの重みで、大人の世界と同じ民主主義があるんだなあと、実感してしまいました。

劇活動の「主体」を確認しよう

発表会に向けた劇遊びは、「主体」
がとても見えやすいかも！
あなたの実践のバランスは？

活動の主体／活動の項目	先生が主体の場合	先生と子どもの共主体の場合	子どもが主体の場合
	活動内容（例）		
発表会で「劇」をやるかどうかを誰が決定する？	「劇は毎年の恒例行事」などとして、劇をやることを子どもに伝える	恒例行事であっても見直しを覚悟のうえ先生は子どもに再提案し、合意をとる	発表会をやるのかどうかから演目まで、子どもたちが決める
演目の決定は？	先生が決定	先生がクラスで人気の絵本などから複数提案し、その中からみんなで選ぶ	
ストーリー展開や脚本を作るのは？	先生が作成	活動しながら一緒に練り上げる。記録は先生が中心	子どもが考える
練習の進め方は？	時間を決め、脚本に沿って先生が指導する	子どもが自由に好きな時間に練習するとともに、一定の練習時間を確保。導入時や滞ったときに先生が介入したり、アイデアも出す	子どもが自由に、好きな時間に練習する
環境（背景・衣装・小道具・お知らせなど）の作成は？	先生が全部作成	先生と子どもが一緒に作成。保護者にも一部依頼	全部子どもに任せる。できなくてもそれでよしとする

共主体で進めるときには、「演目の決定は先生主導、環境作成は子どもが中心」など、活動によって主導権が異なったり、すべてほぼフィフティー・フィフティーで担当することも想定されます。

結果、トータルで客観的に見て、子どもが中心の「共主体」になっているのが理想です。

「クッキング活動」実践編

子どもの出番をつくり出す

取材協力 **港区立伊皿子坂保育園**（東京・港区）

やりたいことは、
できるだけ
実現させてあげたいと
思っています。
（山海園長）

左から、柳 幸江先生、山海（やまうみ）千鶴子園長、加藤辰幸副園長、勝又麻理亜先生。柳先生と勝又先生は、4歳児から持ち上がりで年長クラスを担任（肩書きは取材当時）。

子どもの「やりたい」を見つける 可能なことなら全力で応援する

大人でも、人から与えられたテーマより、自分が興味を持ったことがらの中で、よりいっそう深く学びますよね？ 子どももそこは同じです。

子どものひと言を拾ったところから始まった「クッキングの実践」で、共主体の活動がどう展開したかを見ていきます。

なお、園では、ほかの子の「やりたい！」もかなえるために、これと並行して別のプロジェクトも複数進行。子どもによっては、参加していた活動から抜けたり戻ったりしますが、もちろん、それもよしとしています。

クッキング活動・共主体的保育のワザ

【1.子どもの興味にアンテナを立てる】

加藤辰幸先生が、給食で年長クラスのＫくんたちの隣に座ったのが、コトの発端。会話を楽しみながらも、子どもたちが何に興味があるのかに先生が関心を持ちます。

「ごはんを炊く」という話から、「ケーキ」の話題が出てきました。

【2. 先回りして教えない】

実は加藤先生は、炊飯器でケーキが作れることを知っていましたが、ここでは知らないふりを決め込みました。

先生が「知ってるよ」と言うことで、子どもの気持ちをくじかないように。

先生は少々大げさに驚いて、「どうやって作るの!?」と、子どもの興味を刺激しました。「新しい活動につながるかな?」と期待しつつ。

【3. 家庭での活動についても発表の場を】

子どもの活動には発表の場を。園での出来事だけでなく、家庭での製作物や発見も積極的にシェアできるように。

家で炊飯器ケーキの作り方を調べてきたＫくん。翌日、クラスの前でそのレシピを発表しました。

【4. とりあえず集団の力を信じる】

このとき、牛乳アレルギーのことに気がついた子がいました。多様な視点が提示される、「集団の力」があってこそ、です。もし気がつく子がいなければ進言する予定でしたが、すぐには伝えずタイミングを見ました。

アレルギーの問題は重大。実は先生たちは、すでにケーキ作りを見越して、アレルギーリスクを検討していたのです。このときは首尾よく、機転の利く子から指摘が出てきました。

【5.「誰に聞けばいいか」を共有】

「アレルギーのことを栄養士に聞く」という意見も出てきました。以前、栄養士に聞いたことを覚えていた子がいたのです。

ひとつのことに詳しい子どもも含め、「誰に聞けば教えてくれそうか」を共有します。

紙コップ入りジュース
ビニールに入れたフルーツ
氷

以前、栄養士に相談したのは、かき氷を作ろうとしたとき。「園の冷凍庫では、一晩でも氷に菌が繁殖することがある」と聞き、協議して計画を変更しました。

【6.大人との交渉を経験する機会を】

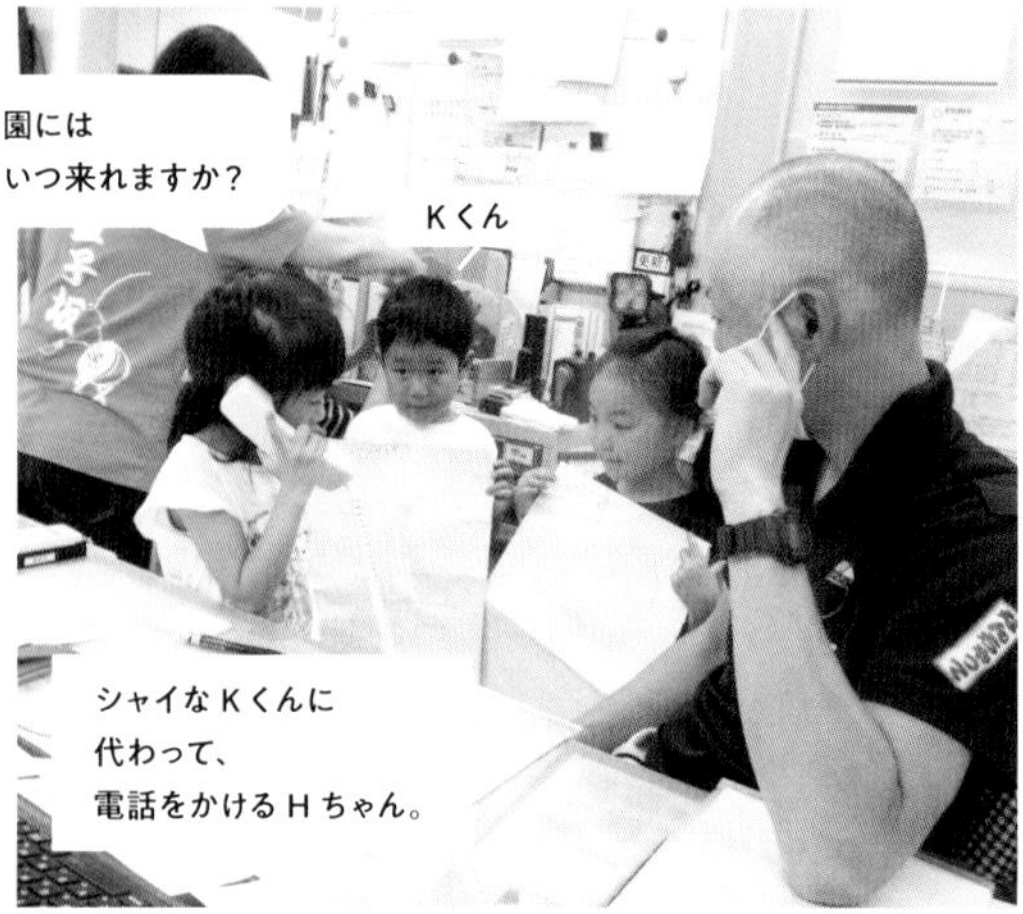
園には
いつ来れますか？
Kくん
シャイなKくんに
代わって、
電話をかけるHちゃん。

調べてきたレシピを栄養士に確認してもらおうと、加藤先生が見守る中、打ち合わせのアポ取りをしています。

Kくん、家で調べていて、「小麦粉もアレルギーの子がいる」ことに気がつきました。そこで、ホットケーキミックスに変更。
最終的にこのレシピで大丈夫か、園に来て確認をしてほしい旨、栄養士に園の電話で伝えました。
こんな段取りだって、年長児はできるんですね。

【7.大人との打ち合わせに参加】

大人主導の活動は、何でも大人だけで進めてしまいがち。でも子どもが中心の保育では、専門家との打ち合わせにだって、子どもが参加するのが理想（ただし、大人は別途、詳細に話し合いをしています）。

何を聞いたらいいのか、あらかじめ自発的にメモを作成。子どもたちから質問し、栄養士からは、「バターもアレルギーの人がいるのでサラダ油がいいよ」などの助言をもらいました。

【8. 先生は憧れの対象なのだと意識】

打ち合わせのあと、子どもたちは栄養士から聞いた「当日必要なもの」を、それぞれ自発的にメモとしてまとめました。先生がふだん、メモを取っているのを見て、子どもは「かっこいいな」と思い、真似したくなったようです。

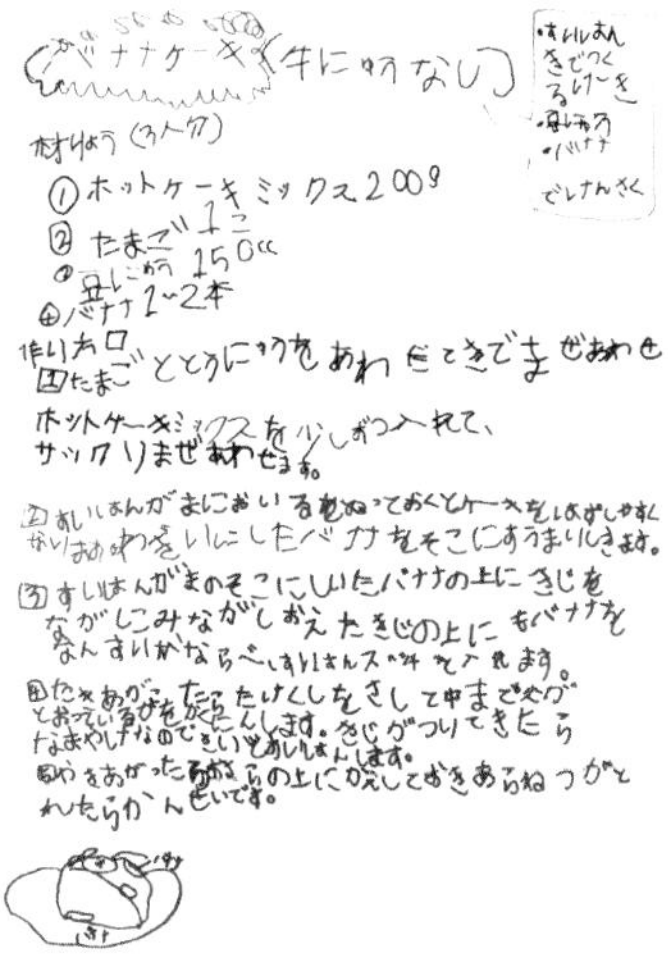

「Ｋくんの手書きのレシピ」
Ｋくんが参考にしたのは、ネットの「炊飯器とホットケーキミックスで作る豆乳とバナナのケーキ レシピ」。家でお母さんにネットで調べてもらい、２時間もかけて作成。

【9. 子どもから聞き取って通信を作成】

すいはんきケーキだいさくせん！

- ＜いつ？＞・・・7がつ10か（すいようび）
- ＜どこで？＞・・・いさらこざかほいくえんのとんぼぐみのへや
- ＜なんじ？＞・・・おひるごはんがおわったら
- ＜だれが？＞・・・とんぼぐみのみんな
- ＜なにケーキ？＞・・・とうにゅうバナナケーキ
- ＜なんでバナナケーキなの？＞
アレルギーのひとでもたべられるから！

＜ざいりょう＞・・・とんぼぐみにはってあります。

＜おやつのメニュー＞
じぶんたちでつくったケーキとぎゅうにゅう

ケーキ作りのお知らせは、保護者やクラスのみんなにきちんと伝わるように、先生が「子どもに聞き取りながら」、書面を作りました。「子どもが中心」を常に意識し、子どもの出番を創出します。

左はＫくんたちのチーム（５〜６人）が進めていたこの活動を、みんなの共有体験にするための文書です。

【10. 子どもを「隊長」にする】

さて、ケーキ作りの当日です。Kくんは進行の「隊長」になりました。先生はほかの子に質問されても「隊長に聞いて」と、Kくんの面目を保ちます。

Kくん
言ったとおり、
バナナ、
ちゃんとのってるね。

↓公平に切り分けるのは、調理師が担当。

ケーキ、
できました♪

はじめは見ているだけの子もいましたが、先生が「難しいなあ、やってくれる?」などの誘いをかけて、挑戦できました。

実践のレビュー with 大豆生田先生

O保育者：子どもが主体性を存分に発揮できるよう、先生たちが常に先を見越して、知恵を絞っている様子がすごく伝わってきました。

大豆生田：先生の働きかけや、以前の経験が子どもたちを刺激しているのが、よくわかります。経験もまた、「共主体」のパートナーだと考えることができます。

O保育者：その経験も、言ってしまえば、先生たちの仕掛けによるものですよね。

大豆生田：子どもが主体的な学び手になるためには、こんなふうに大人も主体的であることが、不可欠なんだと再認識できましたね。

「造形活動」実践編

美術館を共主体の仲間に

取材協力　**おおぎ認定こども園**（徳島・徳島市）

近くにコラボできる施設があれば、ぜひ！

左から、岸上 学先生、濱野由美先生。（取材当時5歳児17名クラス担任）

外部の知恵と協力 共主体の心強い味方

徳島市では、多くの園が「徳島県立近代美術館」と連携してアートを体験する活動を行っています。おおぎ認定こども園もそのメンバー。

連携している園では、月1回、「アートの日」が設定されています。アートの日には、子どもたちが美術館に行って鑑賞会をしたり、美術館の職員が園に訪れて、造形活動のヒントをくれたりします。

紹介するのは、子どもと保護者が一緒に造形を行う「アートの日」までの流れです。大人の共主体のワザを見ていきます。

造形活動・共主体的保育のワザ

【1. 地域も共主体の仲間として】

おおぎ認定こども園では、以前のアートの日に、イヴ・クライン（フランスの芸術家）の作品教材を見る機会がありました。アートの日の活動は「美術館発」。どの園も、地域の中に協力をあおげる施設、組織がないか、検討してみてもいいのでは？

ただしあくまで「子どもが中心」は、ぶれないように。

イヴ・クライン作『空気の建築；ANT 119』（徳島県立近代美術館所蔵）の教材を見て、子どもたちが感じたことを説明中。人の姿を写し取った作品です。

【2. 大人が「遊び文化」の発信者に】

子どもにとって魅力的な「ダンボール」という素材。それを生かす活動をと、計画を考えました。

先生が経験してほしい遊びを計画するのも保育です。ただしこれは、旧来の「先生主導」一辺倒になってしまうリスクが高い。
それを回避するためには、「今の子どもたちに、興味がありそうか?」を計画の起点にして検討します。
恒例行事は、特にそこを意識して。

【3. タイミングを見はからって声かけ】

ダンボール数枚を床に置き、子どもの遊びを観察。その上でゴロゴロしたり、手の形をなぞり始めた子がいたので、そのタイミングで体のかたどりの声かけをしてみました。

このときは、子どもの興味が計画のひとつに接近した時点で、遊びを提案しました。
もし、興味を持つ子がいると確信した遊びなら、はじめから「みんなでやってみる?」と声かけしてもOK。ただし、「やらない」と言える関係性があることが大前提。

【4. より楽しくなるようなヒント出し】

じっとしてて。
くすぐったい。

自分たちで組んだペアと、体の形を線でトレース。「ほかの友達はどうやっているのかな？」を横目で見ながら。先生もときおり、ヒントを出します。

一斉保育の場合、多くの友達から刺激をもらえるメリットがあります。先生のヒント出しも、もちろんアリ！
なお、一斉活動のときは、飽きてきている子がいないか、随時確認を。「惰性で続ける」ことがないようにしたいもの。貴重な時間のロスになります。

腕や足は、曲がるよね？
そういうのも楽しいんじゃない？（濱野先生）
「まっすぐ寝ただけのポーズ」が多かったので、こんなヒント出しをしました。

【5. 好きな道具（環境）を選べる】

鉛筆でかたどりしたあと、準備していた10色の絵の具で「自分の好きな色を作って塗ってみよう」と投げかけました。

ワクワク♥

このとき、先生が絵の具で塗ると決めているのに、「このままでは寂しいね。どうしよう」と考えさせ、子どもに気をつかわせて「絵の具で塗る」と言わせたりしません。それなら、このように「絵の具で塗ろう」と投げかけたほうがほうがずっと潔い。
一層「エイジェント的主体性」（P.72参照）を尊重し、色だけでなく、画材などを選ぶ方法も。

【6. 対話で案を出し合う】

形に沿って切り抜いたあと、「せっかくだから、玄関ホールに飾るのはどう？」と先生から発案。子どもたちからは「お母さん、私のがどれか、わかるかな？」という声が出ました。「じゃあ、クイズにするのもいいね」と、再び先生からアイデア出しをしました。

先生もアイデアを出して、子どもと一緒に考えることで、学び合いが可能に。もっと積極的に、子どものアイデアを出せるような工夫があるとよいかもしれません。実は、一斉の活動こそ、計画の時点から子どもと一緒に練るようにしたほうが、なりゆきでアイデアを出し合うより、もっと深い学び合いができます。

【7.外部講師と企画を考える】

美術館の学芸員に、外部講師として来てもらう「アートの日」。その打ち合わせで、講師から意見をもらいました。外部講師に依頼すると、丸投げになることがありますが、それは避けたいところです。

＜会議中＞

もう着なくなった小さいときの服で装飾する方法もありますね。
古着を着せるのはいいですね。切って使うのは抵抗がある子がいると思うけど。
提案はしてみましょう。

先生は、子どもの育ちに照らしながら、一緒に計画を考えます。外部講師の参加は、「子どもがやりたいことに対して、外部講師がアイデアを出す」という形がベスト。このときも、年齢によっては子どもも一緒に会議に参加するのがマッチベター。

学芸員に古着を切って使ったアートを見せてもらう機会ももらいました。参観日のイベントへの布石です。

【8.保育参観も日常の遊びの延長で】

その後、人型の作品には、日々の遊びの中で家から持ってきた服を着せていました。保育参観日には、さらに作品をデコレーションすることに。

保育参観日も「特別な行事」としてではなく、日々の遊びの延長に保護者が参加するという形で実施。

【9. 子どもの「NO」の主張を受容する】

参観日の前の遊びの段階から「思い出のある服にはさみを入れる」ことに抵抗を感じて、やらない子が複数いました。その気持ちを尊重します。

この電車の絵柄を切って
使うのはどう？
どうしようかな。

先生たちは「子どもたちに"それぞれの感性"が育っていれば、切りたくない子がいる」ことは、想像していました。
むしろ、「NO（したくない）」という意思表示できる関係性ができていたこと、その気持ちを表現できる主体性の育ちを喜びたい。

【10.「作って終わり」ではなく】

これは記憶を共有する作品でもあります。みんなに見せながら、保護者に育ちのエピソードを語ってもらいました。

お兄ちゃんたちの
おさがりをうれしそうに
着ていたよね？
憧れの
お兄ちゃんの
だから…。

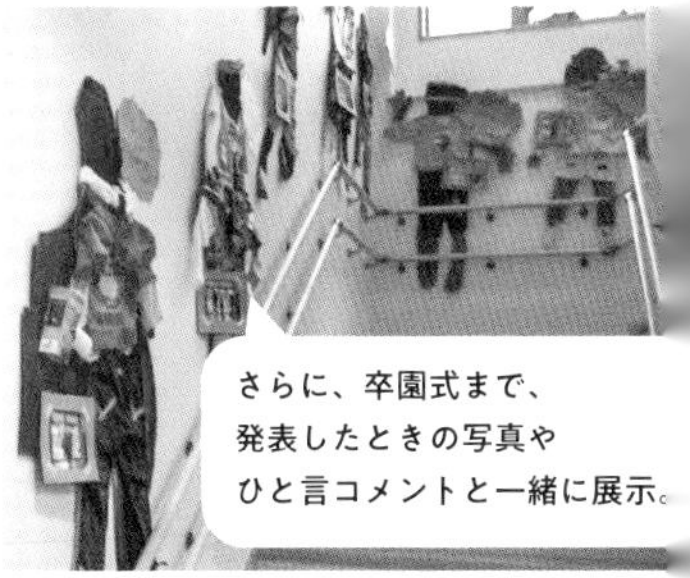

さらに、卒園式まで、
発表したときの写真や
ひと言コメントと一緒に展示。

「子どもが中心」を意識して、子ども自身に作ったときの思いを語ってもらうシーンがあったらなおいいですね。

実践のレビュー with 大豆生田先生

大豆生田：一斉活動に偏りすぎなければ、こんなふうに保育者が活動を、全員に投げかけることがあったっていいんです。みんなと一緒にやるほうが、おもしろいこともたくさんあります。美術館とのコラボもとてもおもしろい。

I保育者：そこで子どもの興味を考えずに始めたり、飽きているのにつきあわせると、共主体から離れていきそうですね。

大豆生田：一斉活動の場合は、子どもが保育者の顔色を見て、無理して先生に合わせていないかを、常に振り返る姿勢を忘れずにいてほしいな。

column

「多様性を認める」は詭弁《きべん》?

実践者には悩ましい

「主体性の尊重」もそうですが、「多様性を認める」も実践の中で、モヤモヤをもらたすフレーズです。

たとえば、「ダンゴムシは何を食べるのかな?」とつぶやいた子がいたとき。ある先生は、「虫眼鏡を貸したい」と考え、別の先生は「自由に空想させたい」と思い、またほかの先生は「図鑑を渡したい」と主張したとします。

このとき思想家が「どの考えもいい。多様性を認め合おう」というのは簡単です。でも、実践者はそうはいかない。どれかの方法を選ばなくちゃいけない。

ときには、「多様性の尊重だよ。みんなそれぞれ好きにやればいいよ」と個を分断して終わってしまうこともあります。こうなると、「多様性の尊重」は、衝突を避けるためのただの便利な言葉になります。

傾聴と議論を前提に

とすると、「多様性の尊重なんて単なるきれいごとなんでは?」と思えてきますが、そういうことではないですよね。

思想や個別に選べる案件は、「多様性だね」と許容し合えればと思います。それこそ、主体性の解釈などは、多様にあってかまわない。

ただ、一斉保育でやるのか自由保育でやるのかや、虫眼鏡か、空想か、図鑑かを選ばなくてはならない場合は、それぞれの「やりたい」を主張し、議論し合うことが「多様性の尊重」の前提になります。

相手の意見を完全に排除せず、「あなたの意見を聞きましょう。理解に努め、話し合いましょう」という意志まで含めて、「多様性の尊重」とする。そして、折衷案を考えたり、「暫定的な結論はこれ」と、折り合っていく。

共主体の対話も、「多様性の尊重」からスタートします。この言葉を使うにはそれなりの覚悟も必要ですが、大切な言葉であることには間違いありません。

多様性の尊重は…
虫眼鏡
子どもが自分で観察してほしい。
空想
空想は想像力を養うと思う。
図鑑
図鑑見れば、答えが書いてあるよ。
え?
年齢を考えて、空想に委ねてみようか。
暫定的
実践
遊びが発展しなかった。どうしようか?
OR?
語り合い、解を求め続ける。

主体性・共主体をめぐる対話　with 大豆生田 啓友先生

「保育」をもっと実践者の主体的な活動として

――「やりたくない」も「わからない」も主体性として

編集部　幼稚園教育要領に「主体的な」活動という表現が入ったのは、平成元年（1989年）、保育所保育指針は平成2年（1990年）の改定から。実践ではシンプルに、主体性＝自発性、積極性、能動性、意欲などととらえていることが多いですね。大豆生田先生は、どう考えていますか？

大豆生田　主体性＝自発性でも間違いではないと思うのですが、単純に主体性を自発性などととらえてしまうと、子どもを理解しようとするとき、とても問題があるように思うのです。「積極的でない子は主体性がない」と受け止められたりしてね。

だから私としては、仮に、「私が私であること」を主体性の原点として考えてみてはどうかと提案したいんです。つまり、「主体」という言葉が「中心となるもの」とか、「ほかに働きかけるもの」という意味を持つなら、それはその人の根幹となる「私が私であること」が主体性ととらえられるのではないかと。もっと言えば、その子がその子であること。その子のありのままであり、その子をひとりの人間としてとらえるという意味でもありますね。

平成元年の幼稚園教育要領の改訂にかかわった高杉自子先生は、主体性は「育てる」ものではなく、「尊重する」ものととらえていました。「その子の主体性を尊重する」という高杉先生の主

「主体」のありのままを認めるところから始める

子どもを中心として見た場合
<客体>
作用を受ける人
<主体>
周囲の人や社会(客体)に
作用する存在
元気がないね…。どうしたら楽しめるのかな？
何かを訴えている
作用
かかわる
共主体

「やりたくない、どうしていいかわからない」というのも、ありのままのその子の思いであり、それを「主体性の原点」ととらえる（大豆生田先生）。

体性の解釈は、その子の「思い」や「意志」とも言い換えられるものだと思います。

　私も、「私が私であること」が主体性の原点であり、その子の「思い」や「意志」であり、それが尊重されることで、能動性が発揮されて、次第にエイジェンシーが意味する「行動する主体」（P.60）へとつながっていくのではないかと考えているところです。

――相手との関係性の中にある主体性

編集部　「思い」や「意志」が尊重されていくと、どのように能動性が発揮されていくんでしょうか。

大豆生田　たとえば、子どもが自分の訴えを聞いてほしそうな状態にあるとき、それに応えてもらえることで、信頼関係がつくられていきます。そして、だんだん意識的に「～が好き」「～はしたくない」などと自分を出せるようになって、その積み重ねの結果として、なかなか自分が出せなかった子が、「私、やる！」「やらない」というふうに積極的な主体性を手に入れていくこともあるでしょうね。

　このとき作用する子どもが「主体」なら、作用される大人が「客体」。主体性は、そういう相手との関係性の中にあるというとらえ方もされています。

編集部　誰かが応答してくれてはじめて主体―客体という関係が生まれるということでしょうか。であれば、逆説的にもし応答されなかったら、その子には主体も主体性もないってことになりますね。

――消極的な子はどうする？

編集部　私も、「その子のありのままの思いを、主体性の原点ととらえる」という考え方にはとても共感します。ただ、子どもには未完成な部分があって、大人よりうまく主張できなかったり、配慮ができなかったりということが起こる。そこを支えていくのも教育ですよね。実際、子どものありのままの思いを尊重しても、保育者の願いとして「（子どもの）積極性が伸びてほしい」という教育目標を持っていいかどうか。ここはどう思いますか？

大豆生田　そこは、否定していません。ただ、やりたくないという思いとか、「どうしよう」という葛藤だって、その子の主体性と考える。子ども理解として、そんなふうにすべてをポジティブに受け止めるところから始めてほしいんですよ。

たとえば、かけっこをやりたくない子がいたとき、その思い、主体性は受け止めたうえで、「みんながやるのを見てて」とか、「先生と一緒に走ってみようか」など、その子が一歩踏み出せそうな「ゾーン」を子どもとの対話で探っていく。そもそも、そういう対話的な営みが保育ですよね。

――保育の「二重性」

編集部　対話的関係性の中で進めていく「共主体の保育」ですね。

大豆生田　本来、保育は「共主体的」な営みのはずなんです。わざわざそう言わなくても。

編集部　そう思います。その一方で、保育者主導色が強いままの場合や、反対に意図的かかわりが薄い場合は、偏りがすぎて「共主体の保育」とは言いがたい気が…。

主体性の理解の違いから生じる、対応の違い

A、Bの先生の「願い・ねらい」が同じでも、主体性の理解の違いが、子どもへの対応の差を生む。

大豆生田　そう言えるでしょうね。意図的なかかわりは保育には必須なんですよ。そこは強調したい。ただし、主体性は、「育てよう」「鍛錬しよう」と考えるべきものじゃない。共主体的にかかわって、主体性を尊重していた「結果」として、自然に育つものだという意識を持っていたほうがしっくりきます。

編集部　私はそれを「オマケの成長論」って呼んでるんですが。遊んだらそのオマケとして、主体性も含め、もろもろ成長しちゃうみたいな。

大豆生田　なるほどオマケね（笑）。

保育はとても複雑なんですよ。子どもには大人と同じ人権はあるけれど、幼いから守らなくてはという「二重性」もある。

編集部　その二重性が、もやもやの原因になってるんですよね。私もそうです。実はその、人として同等だけど、同じ扱いはできない部分を、「ガシャーン！シャキーン！」（P.28）とかで視覚化できたとき、私自身が、かなり整理されたといういきさつがありました。

保育は切り口が多くて、話が尽きないですね。共主体でも、対話が広がるといいんですが。ありがとうございました。

本書における

子どもが中心の共主体的保育の主要素

（ ）は主な掲載ページ

1

まず、子どもの人権と世界を尊重する（ガシャーン！　シャキーン！）。

…P.28

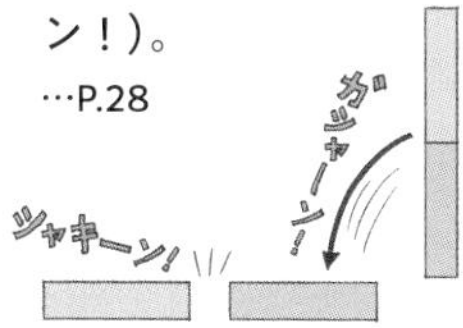

2

主体性には自分の主張、周辺への配慮の2面があると理解しておく。

…P.22

3

子ども主導・大人主導のバランスをとる（子ども主導を極力多めに）。

…P.42、43、62

4

大人が主体性を発揮して、子どもの主体性発揮を促す。

…P.46

5

「子どもの最善の利益は？」で判断する――それが子どもが中心の「共主体」の保育。

…P.40、45

6

対話の機会を積極的につくる。子どもの意見を聞く。

…P.52

7

衝突や葛藤こそ、学び・育ちのチャンスととらえる。

…P.36

8

共主体的保育は、育ちの3ベースの上に展開される

…P.53、54

9

保護者や地域も「共主体」としてかかわりを。

…第3部の実践編

10

モノやコトも共主体ととらえる視点を。

…P.63 ～ 67

実践のまとめ

共主体的保育のワザ一覧

以下、7つの実践事例から抽出した共主体的保育の技術です。「技術《スキル》」は学ぶことが可能。

ほとんどは、領域（自然環境、音楽など）を超えて、応用できます。

それぞれの項目で、「自分がやっている」ものはあるでしょうか？

具体的に思い出しながら、考えてみてください。

さらにこれから、「意識したい」項目があれば、ひとつでもいいのでピックアップ。

ここにあるのすべてが正解と断定はしませんが、どうぞ実践や対話のヒントに。

学びにするのであれば、「私はしたことあるかな？」と、自分の事例に引きつけて見るのがおトクです。

自然環境教育（P.91）

- □ 1 子どもや家庭を上手に巻き込む
- □ 2 大人が動き、モデルを示す
- □ 3 興味を持った子を誘う
- □ 4 必要に応じ、個別にかかわる
- □ 5 「最大目的」を見失わない
- □ 6 子どもの教え合う力に期待する
- □ 7 脱線の遊びを楽しんでもいい
- □ 8 気持ちを汲み取って見守る
- □ 9 「納得するまでやりたい」を応援
- □ 10 専門的技術に触れる機会を

音楽教育（P.105）

- □ 1 「子どもが中心」に向けた会議
- □ 2 子どもの興味を拾い、環境構成を
- □ 3 親の理解のために通信を発行
- □ 4 活動を共有する時間をつくる
- □ 5 子どもに「記録づけ」を示唆
- □ 6 タイミングよく絵本を生かす
- □ 7 行事を子どもとの合意で決定
- □ 8 ファシリテートは大人の出番
- □ 9 リハーサルなしの発表会
- □ 10 遊びの波及・展開を期待する

身体活動（P.119）

- □ 1 習慣化と「自己決定」できる実践
- □ 2 大胆な遊びの中で節度を学ぶ
- □ 3 冷静さを失わずにかかわる
- □ 4 信頼関係を深める身体接触
- □ 5 涙の経験、そして慰め、励ましも
- □ 6 活動に静と動のメリハリを意識
- □ 7 その場で環境に「仕掛ける」
- □ 8 大人が楽しいから動く、誘う
- □ 9 高い自由度の保障
- □ 10 「光」を浴びる遊びをふんだんに

性教育（P.133）

- □ 1 着座の位置を考えて
- □ 2 写真などの視覚教材を使う
- □ 3 絵本を資料として利用する
- □ 4 子どもの話を誠実に聞き取る
- □ 5 実感を伴うような語り
- □ 6 発言の糸口をつくる
- □ 7 対話しながら読み聞かせ
- □ 8 身近な話を導入に使う
- □ 9 特別な教材を用意する
- □ 10 最も伝えたいことは強調
- □ 11 気になった発言はあとでフォロー
- □ 12 保護者との学習会

劇遊び（P.149）

- □ 1 活動の導入に絵本を使う
- □ 2 アイデアを出しやすい課題設定
- □ 3 ユーモアのセンスを引き出す
- □ 4 意見を〝売り込む〟チャンスを
- □ 5 記憶ではなく思考する学び
- □ 6 多数決でなく対話で決着
- □ 7 しっくりする言葉を一緒に探す
- □ 8 関係性の中で叱るべきときは叱る
- □ 9 保護者にデジタルで情報配信
- □ 10 子どもの葛藤を育ちのきっかけに

クッキング活動（P.156）

- □ 1 子どもの興味にアンテナを立てる
- □ 2 先回りして教えない
- □ 3 家庭での活動についても発表の場を
- □ 4 とりあえず集団の力を信じる
- □ 5 「誰に聞けばいいか」を共有
- □ 6 大人との交渉を経験する機会を
- □ 7 大人との打ち合わせに参加
- □ 8 先生は憧れの対象なのだと意識
- □ 9 子どもから聞き取って通信を作成
- □ 10 子どもを「隊長」にする

造形活動（P.161）

- □ 1 地域も共主体の仲間として
- □ 2 大人が「遊び文化」の発信者に
- □ 3 タイミングを見はからって声かけ
- □ 4 より楽しくなるようなヒント出し
- □ 5 好きな道具（環境）を選べる
- □ 6 対話で案を出し合う
- □ 7 外部講師と企画を考える
- □ 8 保育参観も日常の遊びの延長で
- □ 9 子どもの「NO」の主張を受容する
- □ 10 「作って終わり」ではなく

おわりに

日本の保育のアップデート――。本来、その達成には、職員の処遇など、制度の改善が欠かせません。でも、「それを待っていたら、子どもはあっという間に卒園よ！」という言葉を、誇り高く日々の保育を進める実践者のみなさんから、何度となく、聞いてきました。本当に頭が下がる思いです。

そのアップデートにあたって、本書で確認したかったのは、「保育は、先生たちの主体的でバランスのとれたかかわりで営まれているよね」ということ。それを「共主体」という新語で解説しています。

乳幼児は、「今」をとことん楽しむことで学び、成長します。でも、先生は大人なので、「今」と「未来」のふたつを視野に入れて、環境を設定し、子どもとかかわらなくてはなりません。

そのとき、ことさら今、注目したいと思っているのが、「自然」「人権」「感性の育ち」です。それに応じ、第二部では、ダイレクトに、「自然環境教育」、「包括的性（人権）教育」、感性の育ちを支える「音楽教育・表現活動」を取り上げました。さらには、すべての基盤となる体（脳）をつくる、「身体活動」。実践者は、体の育ちの意義を、説得性をもって語れなくてはまずい時代になっていると感じています。

さらに、かなりアプローチの異なる3つの「演劇」「クッキング」「造形」の事例も紹介しています。自身の実践を振り返りつつ、見てもらえたらと思います。

「これらの育ちに通底してあるのが主体性」。本書ではその立場に立って、第1部で多くのページを割き、主体性について考えてみました。何より、この言葉で混乱している人が多いことが気になって仕方がなかったのです。何せ「〝困る〟行動は注意する」という従来の常識が、主体性を尊重して「注意しない（できない）」のが、今一部で、常識化・常態化しつつあります。子どもに危険が及びかねない場面でも、です。

そのせいで主体性をめぐり、同じところをグルグル…。アップデートにも支障が出そうな勢い…。もち

ろん、コミックで論じた主体性もひとつの解釈にすぎませんが、それぞれに納得できる解釈を考えたり、選択することが肝心と思います。

一斉保育か自由保育かなども、かなり長い間議論され、同じ場所をグルグルしている感があります。それを「子どもの最善の利益を軸に、臨機応変に使い分けるもの」としておけば、「どのくらいのバランスでやっていますか？」というところから、対話を始めやすそうです。

ただ、誤解のないよう改めて書くと、今は「子どもが主導する形の保育・教育」がメインストリーム。そこに大人主導の一斉活動や、指導的な活動がくっついてくる感じです。これは、保育どころか、小学校以上も同じです。今一度カリキュラムの主導権について、園内で話し合ってみてください。

本書作成においては、大豆生田 啓友先生から監修はもとより、小学館『新 幼児と保育』の雑誌連載時から多くの助言や協力をいただきました。

また「共主体」という言葉をお預かりした無藤 隆先生には、20年前から膨大な刺激をちょうだいしてきています。さらに保育雑誌『エデュカーレ』の編集長・汐見稔幸先生や、そこで交流のある園の先生方からも、四半世紀にわたり多大な影響を受けてきました。

激務の中、おつきあいいただいた関係者のみなさん、著者に今回の機会を与えてくれた『新 幼児と保育』の阿部忠彦編集長、いつも思い描く以上の紙面を作ってくれるデザイナーの上條美来さん、さらに本書を手に取ってくれた読者のみなさんに感謝します。

ここからさらなる主体性、共主体の語らいが広がることを期待しています。

保育は、子どもたちの「楽しい！」をつくる。それが、未来世界の幸せをつくる。そのことがさらに社会に認知され、保育と子どもが、日本でももっと大切にされていきますように。

――おおえだ けいこ

監修　**大豆生田 啓友**

玉川大学教育学部教授。青山学院大学大学院修了後、幼稚園教諭などを経て、現職。日本保育学会理事、こども環境学会理事、こども家庭庁「こども家庭審議会」委員および「幼児期までのこどもの育ち部会」委員（部会長代理）、文部科学省「今後の幼児教育の教育課程、指導、評価等の在り方に関する有識者検討会」委員ほか。NHK Eテレ「すくすく子育て」でも活躍中。著書は『子どもが対話する保育「サークルタイム」のすすめ』（共著　小学館）ほか多数。

著者（イラスト、コミック、撮影を含む）　**おおえだ けいこ**

早稲田大学教育学部卒。主に保育・教育系媒体作成にかかわるライター、イラストレーター、漫画家。保育学は、カリフォルニア　デ・アンザ・カレッジにて発達障がいを中心に半年間履修。小学館『新 幼児と保育』、保育雑誌『エデュカーレ』などで執筆中。小学館からの著書に『日本が誇る！ ていねいな保育』『日本版保育ドキュメンテーションのすすめ』（ともに大豆生田先生との共著）、『2017年告示 新指針・要領からのメッセージ　さあ、子どもたちの「未来」を話しませんか』（イラスト担当　著：汐見稔幸）など。

アートディレクション／石倉ヒロユキ
デザイン／上條美来
担当編集／阿部忠彦（小学館）
協力／無藤 隆、渡邉暢子
校正／松井正宏

◇本書の第1部は描き下ろし、第2部、第3部は、『新 幼児と保育』に掲載した記事（2020年4/5月号～2022年2/3月号、2022年春号～2023年冬号）を再構成、加筆したもの。なお、「子ども中心主義」に大人の教育的関与を否定する「行きすぎた子ども中心主義」が含まれることがあるため、本書のタイトルでは「子ども中心」ではなく、「子どもが中心」という表現を使用。

新 幼児と保育BOOK

日本の保育アップデート!

子どもが中心の「共主体」の保育へ

2023年9月18日　初版第1刷発行
2024年5月27日　　第5刷発行

発行人　北川吉隆
発行所　株式会社 小学館
〒101-8001 東京都千代田区一ツ橋2－3－1
編　集　03-3230-5686
販　売　03-5281-3555
印刷所　TOPPAN株式会社
製本所　牧製本印刷株式会社

ISBN978-4-09-840232-8